Hubertus Huber

PAPST LEO XIII.

VISION VOM 13. OKT. 1884

„ICH KANN DEINE KIRCHE ZERSTÖREN"
„DANN GEH UND TUE ES"

SATAN REGKIERT IM VATIKAN

Herstellung und Verlag: BoD – Books on Demand, Norderstedt
ISBN: 9783757815455

Alles zur größeren Ehre Gottes

Wer aus ganzem Herzen,
Jesus Christus als seinen HERRN und ERLÖSER bekennt,
wird Seine Kirche und Lehren immer verteidigen.
Die Diener Satans, verbieten Sein Erlösungswerk, das heilige
Messopfer.

Ewiger Vater, ich opfere Dir auf, das kostbare Blut Deines geliebten Sohnes, unseres Herrn Jesus Christus, als Sühne für meine Sünden und die Sünden der ganzen Welt.

Gewidmet den Menschen, denen die Diener Satans, das hl. Messopfer und den Katechismus von Petrus Kanisius entrissen hat

Der Autor

Hubertus Huber wurde 1938 in Freiburg i. Br. geboren. Sein Religionslehrer war, Dr. Ernst Föhr, der spätere Generalvikar von Erzbischof Schäufele in Freiburg. Dr. Föhr erklärte seinen Schüler: Die Kirche wird immer von Satan angegriffen.

„Solange wir die Häretiker (Ungläubige) rechtzeitig ausschalten können, wird sich die hl. Kirche nicht ändern. Wenn das nicht gelingt, wird sie sich zu einer Sekte entwickeln".

Das sagte, Dr. Föhr, 1955. 10 Jahre vor dem Konzil. Es gelang nicht, die Häretiker auszuschalten. Eine grosse Schuld am Verfall der Kirche tragen jene, die durch ihr Schweigen, die Häretiker deckten und damit, ihr Werke, unterstützen.

1969, beim Verlassen der Sonntagsmesse, erstmalig am „Volksaltar" und mit Anleitung zur Handkommunion, sagte ein älterer Herr, **„Das ist eine neue Republik".**

Wie meinen Sie das, wollte der Autor wissen? Der Herr antwortete: **„Christus der König wurde gestürzt. Seine Feinde übernehmen die Führung im Vatikan. Sie werden dem Bösen Tür und Tor öffnen"**

Seither beobachtete der Autor den Zerfall der Kirche und hat versucht, diese Entwicklung zu dokumentieren

Inhaltsverzeichnis   Seite

Einführung   1

2. Die Erschaffung der Welt, die Prüfung der Engel, von   4
Maria von Agreda, LEBEN DER JÜNGFRÄULICHEN
GOTTES MUTTER MARIA, Band. I, Seite 106-114

3. Die Erschaffung des Menschen und die Erbsünde, nach   15
Genesis und Maria Valtorta, DER GOTTMENSCH, Band I,
Seite 100

4. Die Erlösung der Gerechten durch Jesus Christ,   22
der Hohepriester, Maria Valtorta, DER GOTTMENSCH,
Band XII, Seite 175

5. Die Kirche des HERRN und Sein Stellvertreter   28

6. Das Priestertum und das Messopfer

7. Das Missale Romanum   31

8. Realpräsenz, eucharistische Wunder in aller Welt   41

9 . Gottes Offenbarungen und Seine Warnungen   44

10. Luzifer über sich und die Hölle   50

11. Die Aktionen Satans   53

12. 33 Befehle des Grossmeisters a die Freimaurer-   58
Bischöfe, aus dem Jahr 1962

Inhaltsverzeichnis

Seite

13 Die Angriffe Satans auf die Kirche 70

Angriff 1: „Papst Johannes XXIII." 1958-1963 73

Angriff 2: Das Zweite Vatikanische Konzil 1963-1965 ...... **72**

Angriff 3 : Die ungültige Bischofsweihe 1968 76

Angriff 4: Verbot des Messopfers und Einführung 80
des Herrenmahls, NOM, 1969

14. Feierliche Dogmenerklärung vom 18. Juli 1870 85

1. Einführung

Papst Leo XIII. hatte, am 13. Oktober 1884, eine bemerkenswerte Vision, während er eine Messe zelebrierte. Er stand für ca. 10 Minuten wie in Trance da, sein Gesicht wurde fahl und grau. Auf die Frage, was denn geschehen war, erklärte er, dass er zwei Stimmen gehört habe, die aus der Richtung vom Tabernakel kamen. Ein Gespräch zwischen dem HERRN und Satan:

Satan prahlte*: "Ich kann deine Kirche zerstören".*
Unser HERR: *„Du kannst? Dann geh und tue es".*
Satan: *„ Um das zu tun, brauche ich Zeit und Macht"*
Unser HERR: *"Wieviel Zeit? Wieviel Macht?"*
Satan: *„75-100 Jahre, und mehr Macht über diejenigen, die sich meinem Dienst unterwerfen".*
Der HERR*: „Du bekommst diese Zeit und die Macht"*

Der HERR verwies aber auch darauf, dass die Kräfte des Guten nicht hilflos diesem Kampf gegenüber stehen und Satan eine Niederlage erleben werde.
Danach ging er in sein Arbeitszimmer und verfasste das Gebet zum Hl. Erzengel Michael.

„Heiliger Erzengel Michael, verteidige uns im Kampfe. Gegen die Bosheit und die Nachstellungen des Teufels sei du unser Schutz. Gott gebiete ihm, so bitten wir flehentlich. Und du, Fürst der himmlischen Heerscharen, stürze den Satan und die anderen bösen Geister, die zum Verderben

der Seelen die Welt durchstreifen, mit der Kraft Gottes hinab in den Abgrund der Hölle. Amen."

Papst Leo XIII. verfügte, dass dieses Gebet, zum hl. Michael, nach jeder stillen heiligen Messe gebetet werden soll.

Schon das Alte Testament lehrte: „„Jahwe, der HERR, tut **nichts ohne Seinen Plan, Seinen Knechten, den Propheten zu offenbaren. Amos 3.7**

Die Vision von Papst Leo XIII. ist kein Glaubenssatz der Kirche. Die Aussagen sind klar und konkret und können daher leicht verfolgt werden.

Satan behauptet, „ich kann deine Kirche zerstören". Der HERR, ohne dessen Wille nicht geschehen kann, antwortet: „dann geh und tue es".

Satan hat konkrete Vorstellungen für diese Zerstörung der Kirche. Er fordert 75 bis 100 Jahre Macht und Zeit. Wir erfahren, dass Satan schon Kontakt zum Klerus hat. Er fordert mehr Macht über jene, die sich seinem Dienst unterstellt haben. Der HERR ist einverstanden und sagt. „Du bekommst die Macht und die Zeit".

Uns steht es nicht zu, die Gründe für Gottes Handeln zu kennen. Praktisch gesehen, muss man ein marodes Gebäude abbrechen.

Der Ärger mit Satan (Luzifer) begann schon bei der Erschaffung der Welt und der Prüfung der Engel, wie uns die Gottesmutter berichtet und auch bei der Erschaffung des Menschen, wie wir, vom HERRN erfahren.

Bitte, erwarten Sie keine wissenschaftliche Abhandlung. Grundlage ist für uns, der alte Katechismus, päpstliche Dogmen und Verfügungen, sowie ein gesunder Verstand.

Das I. Vaticanum lehrt dogmatisch: **Deshalb lassen solche Lehrentscheidungen des römischen Papstes keine Abänderung mehr zu, und zwar schon von sich aus, nicht erst infolge der Zustimmung der Kirche.**
In einer Hierarchie gibt es nur einen Chef. Damit haben die Diener Satans ein Problem. Wir müssen als Christen, dem HERRN vertrauen. Er hat uns auch auf die Anschläge Satans, auf Seine Kirche, hingewiesen. Leider haben die Bischöfe, Priester und die Gläubigen, die Vision nicht ernst genommen und somit versagt.

**Wer aus ganzem Herzen,
Jesus Christus als seinen HERRN und ERLÖSER bekennt,
wird Seine Kirche und Lehren immer verteidigen.
Die Diener Satans, verbieten Sein Erlösungswerk, das
heilige Messopfer.**

2. Die Erschaffung der Welt – Die Prüfung der Engel von Maria von Agrede, LEBEN DER JUNGFRÄULICHEN GOTTESMUTTER MARIA, Band. 1, Seite 106-114

„Gott ist die Ursache aller Wesen, ihr Schöpfer. Er wollte die aussertrinitarischen Wunderwerke Seiner Allmacht beginnen, wie und wann es Seinem freien göttlichen Willen beliebt. Moses erzählt davon im ersten Kapitel der Genesis. Da mich der Herr darüber erleuchtete, will ich das hier Notwendige sagen, damit man die Werke und Geheimnisse der Menschwerdung des göttlichen Wortes und der Erlösung vom Ursprung anerkenne.

Im ersten Kapitel der Genesis steht: "Im Anfang erschuf Gott Himmel und Erde. Die Erde aber war wüst und leer. Finsternis lag über dem Abgrund, und der Geist Gottes schwebte über den Wassern. Da sprach Gott: „Es werde Licht!" Und es ward Licht. Und Gott sah, dass das Licht gut war, und Er schied das Licht von der Finsternis. Und Er nannte das Licht Tag und die Finsternis Nacht. Und es ward Abend und Morgen, der erste Tag" (Gen 1, 1-5) An diesem ersten Tag – Moses sagt „im Anfang" - erschuf Gott Himmel und die Erde. In diesem Anfang trat der allmächtige Gott, in Seiner Unveränderlichkeit verharrend, gleichsam aus sich selbst heraus, um Geschöpfen ein Eigendasein zu geben. Er fing gleichsam an, sich Seiner Geschöpfe zu erfreuen als an Werken, die in ihrer Weise vollkommen waren. Damit die Schöpfungsordnung eine höchst vollkommene sei, erschuf Er vor den vernunftbegabten Wesen den Himmel für die Engel und Menschen, und die Erde zum Wohnort für die Menschen während ihrer Pilgerfahrt. Beide Orte schuf Er so vollkommen und ihren gottgewollten Zwecken so entsprechend, dass David singen konnte: „Die Himmel erzählen die Herrlichkeit Gottes, vom Werk Seiner Hände kündet das Himmelgewölbe!" (Ps.t 18, 2). Die Himmel in ihrer Schönheit offenbaren die Größe und Herrlichkeit Gottes. Sie sind der Lohn, den der Herr im Voraus für Seine Heiligen bereitet hat. Das Universum der Erde zeigt an, dass dort Menschen wohnen und auf ihr zu ihrem Schöpfer wandern sollen. Vor ihrer Erschaffung bereitete Er alles für sie vor und zog das zu ihrem Leben und ihrem Ziel Notwendige aus dem Nichts hervor. Durch all dieses sollten sie sich verpflichtet fühlen, ihrem Schöpfer und Wohltäter zu gehorchen, Ihn zu lieben und Seinen wunderbaren Namen samt Seiner unendlichen Vollkommenheit aus Seinen Werken zu erkennen.

Von der Erde sagt Moses, sie sei wüst und leer gewesen. Das sagt er nicht vom Himmel. Dort erschuf Gott die Engel. Moses deutete es an mit dem Wort: "Gott sprach: Es werde Licht! Und das Licht ward." Moses redet nicht nur von dem materiellen Licht, sondern auch von den Engeln, diesen geistigen Leuchten. Er drückt sich hier nicht klar aus, weil die Juden oft geneigt waren, außergewöhnliche Dingen, mochten sie auch an Würde weit unter den Engeln stehen, göttliche Wesenheit zuzuschreiben. Indessen war das Sinnbild >Licht< für die Natur der Engel sehr bezeichnend, auch im Hinblick auf ihr Wissen und ihre Gnaden, von denen sie schon bei ihrer Erschaffung durchstrahlt wurden. Zu gleicher Zeit erschuf Gott die Erde und in ihrem Mittelpunkt die Hölle. Es entstanden nach Gottes Willen sehr tiefe und weite Grüfte für die Hölle, die Vorhölle und das Fegefeuer. In der Hölle wurde ein materielles Feuer erschaffen sowie alles, was jetzt zur Peinigung der Verdammten dient. Darauf trennte der Herr das Licht von der Finsternis und nannte jenes Tag, dieses aber Nacht. Die Scheidung fand nicht nur zwischen Tag und Nacht in der Natur statt, sondern auch zwischen den guten und den bösen Engeln. Den guten gab Er das ewige Licht Seiner Anschauung und nannte es Tag, ewigen Tag. Die bösen dagegen nannte Er Nacht der Sünde und schleuderte sie in die ewige Finsternis der Hölle. Daraus können wir erkennen, wie die barmherzige Freigebigkeit des Schöpfers und Lebendig Machers und die Gerechtigkeit des gerechten Richters sich vereinigen.

Die Engel wurden im empyreischen (Licht) Himmel erschaffen, und zwar im Stande der Gnade. Mit dieser sollten sie sich die Herrlichkeit als Lohn verdienen. Obwohl sie sich am Ort der Gnade befanden, schauten sie doch die Gottheit nicht von Angesicht zu Angesicht, bis sie es mit der Gnade durch Gehorsam gegen den göttlichen Willen verdient hatten. Die guten wie auch die abtrünnigen Engel blieben nur kurze Zeit im Zustand der Prüfung, denn die Erschaffung, Prüfung und Entscheidung erfolgte in drei ganz kurzen Zeitabschnitten. Im ersten Zeitraum wurden alle Engel erschaffen und mit Gnade und den Gaben des Heiligen Geistes ausgerüstet, so dass sie überaus schön und vollkommen waren. Dann folgte eine kurze Weile, in der allen der Wille des Schöpfers kundgetan wurde. Sie empfingen das Gesetzt und den Auftrag ihren Schöpfer als ihren höchsten Herrn anzuerkennen und so den Zweck ihres Daseins zu erfüllen. In dieser kurzen Weile entbrannte zwischen dem heiligen Michael und seinen Engeln jener große Streit wider den Drachen und seinem Anhang, den der heilige Johannes im 12. Kapitel der Geheimen Offenbarung berichtet.

Die guten Engel verdienten durch Beharrlichkeit in der Gnade die ewige Seligkeit, die ungehorsamen hingegen verfielen durch ihre Auflehnung gegen Gott der ewigen Pein.

Nach der Beschaffenheit der Engelnatur und kraft der Allmacht Gottes hätte dies alles ganz schnell im zweiten Zeitabschnitt geschehen können. Ich erkannte aber, dass die mitleidige Güte des Allerhöchsten mit einem gewissen zögernden Verweilen den Engeln das Gute und Böse, Wahre und Falsche, Gerechte und Ungerechte vorstellte, sowie die Bosheit der Sünde und die Feindschaft Gottes, den ewigen Lohn und die ewige Strafe, endlich auch die Verwerfung Luzifers und seines Anhanges. Seine göttliche Majestät zeigte ihnen die Hölle und ihre Peine. Sie haben alles gesehen; denn in ihrer erhabenen, rein geistigen Natur können sie alle geschaffenen, endlichen Dinge, so wie diese in sich selbst sind, d.h. ihrer Wesenheit nach, klar erkennen. In dieser Fähigkeit schauten und erkannten sie vor dem Sturz aus der Gnade klar den Ort der Strafe. Den Lohn der Glorie aber konnten sie auf diese Weise nicht erkennen. Sie empfingen aber eine andere Erkenntnis über ihn und außerdem ein offenbares, ausdrückliches Versprechen des Herrn selbst. Dadurch hatte der Allerhöchste Seine Sache gerechtfertigt und höchst gerecht gehandelt. All diese Güte und Gerechtigkeit aber hielt Luzifer und seinen Anhang nicht zurück. Darum wurden sie als Verstockte gezüchtigt und in die Tiefe der Hölle geschleudert. Hingegen wurden die guten Engel auf ewig in der Gnade und Glorie befestigt. Dies alles geschah im dritten Zeitraum. Damit ist erwiesen, dass außer Gott kein Wesen von Natur aus unfähig ist zu sündigen; denn die Engel sündigten trotz ihrer erhabenen Natur, die mit so hoher Erkenntnis und so vielen Gnaden ausgestattet war. Sie gingen verloren. Wie wird es erst der menschlichen Gebrechlichkeit ergehen, wenn Gottes Allmacht sie nicht beschützt, und wenn der Mensch Gott gleichsam zwingt, Ihn zu verlassen?

Ich wünschte zu wissen, aus welchem Beweggrund und durch welche Veranlassung Luzifer und sein Anhang ungehorsam waren und fielen. Ich erkannte, dass die bösen Engel der Verschuldung nach (secundum reatum) vielerlei Verbrechen begehen konnten, wenn sie auch der Tat nach nicht alle begingen. Jene Sünde aber die sie mit ihrem bösen Willen tatsächlich verübten, erzeugte in ihnen den Habitus, d.h. die Neigung zu allem Bösen. Auch zu jenem, das sie selbst nicht verüben konnten. Zu diesen Sünden aber verführen sie die Menschen und freuen sich, wenn es ihnen gelingt. Luzifer geriet damals in eine sehr ungeordnete Selbstliebe; denn er sah sich mit einer höheren Schönheit der Natur und Gnade ausgerüstet als die übrigen Engel. In dieser Erkenntnis hielt er sich zu lange auf, und das Wohlgefallen an sich selber hemmte ihn so, dass er Gott, der einzigen Ursache all seiner Vorzüge, den schuldigen Dank lässig und träge darbrachte. Wiederum betrachtete er sich selbst. Aufs Neue gefielen ihm seine Schönheit und seine Gnaden. Er schrieb sie sich selbst zu und liebte sie als seine eigene. Diese ungeordnete Selbstbetrachtung bewirkte, dass er sich mit den Kräften, die er von einer höheren Macht empfangen hatte nicht nur – nicht, wie er sollte- über sich selbst erhob, sondern sie verführte ihn auch zum Neid gegen andere und zur Begierde nach den Gaben und Vorzüge der anderen. Da er diese für sich nicht erlangen konnte, entbrannte er in tödlichem

Zorn und Hass gegen Gott, der ihn aus dem Nichts geschaffen hatte, und gegen alle Seine Geschöpfe.

Aus dieser Verfassung entsprangen Ungehorsam, Vermessenheit, Ungerechtigkeit, Treulosigkeit, Gotteslästerung, ja, sogar eine Art Abgötterei; denn er begehrte für sich jene Anbetung, die man allein Gott schuldig ist. Er lästerte Gottes Hoheit und Heiligkeit. Er verlor den Glauben und schuldige Treue. Er nahm sich vermesslich vor, alle Geschöpfe zu vernichten, und schmeichelte sich, dies und noch manches andere ausführen zu können. In dieser Geisteshaltung verharrte er. Seine Hoffart steigerte sich. Doch seine Vermessenheit war grösser als seine Stärke; denn in dieser konnte er nicht wachsen, doch hinsichtlich der Sünde „ruft ein Abgrund dem anderen zu" (Ps.41, 8)

Der erste sündige Engel war Luzifer, wie uns Isaias im 14. Kapitel berichtet. Er verführte die anderen. Deshalb wird er der Fürst der bösen Geister genannt, also nicht vermöge seiner Natur. Nicht wegen dieser, sondern nur um der Sünden willen konnte er diesen Titel behaupten. Die sündigen Engel sind nicht alle aus einem Chor, sondern aus allen fielen Engel ab, und zwar viele.

Jetzt will ich, wie ich es schaute, berichten nach welchen Ehren und Vorzüge Luzifer voll Neid und Hoffart trachtete. In den Werken Gottes ist alles nach Maß, Zahl und Gewicht geordnet. Darum beschloss die göttliche Vorsehung, den Engeln unmittelbar nach ihrer Erschaffung – also bevor sie sich noch anderen Zielen zuwenden konnten - das Endziel zu offenbaren, zu dem sie erschaffen und mit einer so erhabenen und ausgezeichneten Natur begabt worden waren. Gott erleuchtete sie auf folgende Weise: Zuerst empfingen sie eine sehr eindrückliche Erkenntnis von der Wesenheit Gottes, Seiner Einheit in der Natur, Seine Dreifaltigkeit in der Person. Zugleich erhielten sie den Befehl, den unendlichen Gott als ihren Schöpfer und Herrn zu verehren und anzubeten. Die guten Engel folgten aus Liebe und Gerechtigkeit. Sie unterwarfen sich mit bestem Willen, nahmen gläubig auf, was ihre Fassungskraft überstieg, und gehorchten freudig. Luzifer aber unterwarf sich nur, weil ihm das Gegenteil unmöglich schien, darum auch nicht aus voller Liebe. Er teilte seinen Willen zwischen sich und der untrüglichen Wahrheit des Herrn. Deshalb fand er das Gebot schwer und lästig, und er erfüllte es nicht mit vollkommener Liebe und nicht aus Gerechtigkeit. Darum geriet er in eine Verfassung, die seinen Ungehorsam herbeiführte. Die Lässigkeit und Zurückhaltung, mit der er diese ersten Akte setzte, beraubte ihn noch nicht die Gnade, doch begann hier seine üble Verfassung. Er empfand eine gewisse Schwäche in der Tugend und ein Absinken im Geiste, und seine strahlende Schönheit minderte sich. Meines Erachtens ist die Wirkung dieser Lieblosigkeit und Lauheit jener zu vergleichen, die in einer Seele durch eine freiwillige lässliche Sünde hervorgerufen wird. Damit will ich nicht sagen, dass Luzifer damals schon schwer oder auch nur lässlich sündigte. Er erfüllte Gottes Gebote lau und unvollkommen. Dies war sein erster Schritt zum Fall.

Ferner offenbarte Gott den Engeln, dass er Menschen, vernünftige Geschöpfe einer niedrigeren Ordnung, erschaffen wolle. Auch diese sollten Gott als ihren Urheber und ihr ewiges

Gut lieben, fürchten und ehren. Er werde diese Natur überaus begnaden. Die zweite Person der heiligsten Dreifaltigkeit selbst werde Mensch werden und in hypostatischer Union die menschliche Natur mit der göttlichen zu einer Person vereinigen. Diesen zukünftigen Gottmenschen sollen die Engel nicht nur wegen seiner Gottheit, sondern auch wegen Seiner Menschheit, als ihr Oberhaupt anerkennen, verehren und anbeten. Als an Würde und Gnade Ihm untergeordnet, sollten sie Seine Diener sein. Zugleich ließ Gott die Engel erkennen, wie geziemend, gerecht und vernünftig diese Unterwerfung sei: Denn die Annahme der vorausgesehenen Verdienste des Gottmenschen habe ihnen die Gnade verdient, die sie schon besaßen, sowie die Glorie, die sie noch besitzen sollten. Wie alle übrigen Geschöpfe hätten auch sie die Aufgabe, den Gottmenschen zu verherrlichen, weil Er aller Wesen König sei. Alle vernünftigen Geschöpfe, die der Erkenntnis und des Genusses Gottes fähig seien, sollten Sein Volk werden und Ihn als ihr Haupt anerkennen und verehren. Dann wurde den Engeln das entsprechende Gebot erteilt.

Die gehorsamen, heiligen Engel unterwarfen sich diesem Befehl sofort mit ganzer Willenskraft, mit demütigem und liebeglühendem Eifer. Luzifer aber, voll Neid und aufgeblasener Hoffart, widersetzte sich und trieb die gleichgesinnten Engel an, ein Gleiches zu tun. Auch sie gehorchten dem göttlichen Befehl nicht. Dafür versprach Luzifer ihnen, dass er ihr Haupt sein und ein unabhängiges Fürstentum gegen Christus aufrichten wolle. Neid und Hoffart und unordentliches Begehren verursachten in diesen Engeln eine solche Verblendung, dass er unzählige mit der Pest der Sünde ansteckte.

11

Nun erhob sich jener große Kampf im Himmel, von dem der hl. Johannes berichtet. Die gehorsamen heiligen Engel entbrannten vor Eifer, die Ehre des Allerhöchsten und die Ehre des Gottmenschen, den sie in einem Gesicht schauten, zu verteidigen. Sie baten um Erlaubnis und Genehmigung des Herrn, wider den Drachen zu streiten. Das wurde ihnen gewährt. Als allen Engel geboten wurde, dem menschgewordenen Wort zu gehorchen, empfingen sie als drittes Gebot, jene Frau als Gebieterin anzuerkennen, in dessen Schoss der Eingeborene des Vaters das menschliche Fleisch annehmen sollte. Diese Frau werde ihre Königin und die Herrin aller Geschöpfe sein und an Gnade und Glorie alle Engel und Menschen überragen. Die guten Engel zeichneten sich durch Annahme dieses Befehles aus. Sie glaubten und priesen in tiefster Demut die Macht und Geheimnisse des Allerhöchsten. Luzifer und seine Anhänger aber erhoben sich infolge dieses Befehls und bei der Offenbarung dieses Geheimnisses mit wachsendem Hochmut. In tobsüchtiger Wut begehrte Luzifer für sich die Auszeichnung, Haupt aller Engel und des ganzen Menschengeschlechts zu werden. Wenn dies nur durch hypostatische Union möglich sei, so solle sie an ihm geschehen.

Im Hinblick auf die niedrige Natur der Mutter des menschgewordenen Wortes, U.L Frau, widersetzte sich Luzifer unter schauerlichen Lästerungen. In unbändigem Zorn empörte er sich gegen den Urheber solch großer Gnadenwunder. Er reizte seine Genossen auf und rief: „Diese Befehle sind unbillig! Meine Hoheit wird dadurch beleidigt! Darum will ich diese Natur, die Du mir mit so großer Liebe anblickst und fernerhin noch so reichlich begnaden willst, verfolgen und ausrotten.

*Dazu will ich meine ganze Macht und List aufbieten. **Dieses Weib, die Mutter des Wortes, will ich von der Höhe, auf die Du sie zu erhöhen gedenkst, herabstürzten.** Ich will Deine Pläne zuschanden machen!"*

Diese aufgeblasene, eitle Hoffart reizte den Zorn des Herrn. Zur Beschämung Luzifers sagte Er: „Diese Frau, die du nicht ehren willst, wird dir den Kopf zertreten, dich überwinden und zunichte machen. Wenn durch deinen Stolz der Tod in die Welt kommen wird, so wird durch ihre Demut das Leben und Heil der Menschen kommen. Sie werden jenen Lohn und jene Kronen empfangen, die du samt deinem Anhang verloren hast."

Luzifer widerstrebte mit tollsinnigem Stolz allem, was er vom göttlichen Willen und Seinen Entschlüssen verstanden hatte. Er drohte dem ganzen Menschengeschlecht. Die guten Engel erkannten den gerechten Zorn des allerhöchsten wider Luzifer und seinem Anhang. Sie stritten wider sie mit den Waffen des Verstandes, der Gerechtigkeit und der Wahrheit.

Darauf wirkte der Allerhöchste ein anderes geheimnisvolles Wunder. Nachdem Er den Engeln die hypostatische Union der zweiten Person mit der Menschheit durch Erleuchtung geoffenbart hatte, zeigte Er ihnen die allerseligste Jungfrau in einem visionären Bilde. Er ließ sie die reine menschliche Natur in einer höchst vollkommenen Frau schauen. In dieser werde Seine Allmacht viel wunderbarer wirken als in allen übrigen bloßen Geschöpfen, da Er in diese Frau in unvergleichlich hohem Grade alle Gaben und Gnaden Seiner Rechten hinterlegen werde. Die Schau dieses Bildes der Himmelskönigin und Mutter des göttlichen Wortes wurde allen Engeln, den guten und den bösen, gewährt. Dieses Gesicht erfüllte die Guten mit Verwunderung. Sie sangen Loblieder und begannen gleich, mit inbrünstigem Eifer und dem unüberwindlichen Schild jenes Zeichens bewaffnet, die Ehre des menschgewordenen Gottes und Seine Allerheiligsten Mutter zu verteidigen. Der Drache und sein Anhang hingegen flammten auf in einem unversöhnlichen Hass gegen Christus und seiner jungfräuliche Mutter. Dann erfolgte, was im 12. Kapitel der Geheimen Offenbarung enthalten ist".

Soweit ein Auszug aus: Leben der jungfräulichen Mutter Maria, von Maria von Agreda, Band 1, Seite 106-114, Miriam Verlag, Josef Künzli, D-7893 Jestetten, ISBN 3-87449-128-5

Bei der Erschaffung der Menschen spielte Satan ebenfalls, eine entscheidende Roll, wie uns vom HERRN berichtet wird.

**Wer aus ganzem Herzen,
Jesus Christus als seinen HERRN und ERLÖSER bekennt,
wird Seine Kirche und Lehren immer verteidigen.
Die Diener Satans, verbieten Sein Erlösungswerk, das
heilige Messopfer.**

3. Die Erschaffung der Menschen und die Erbsünde, Genesis und Maria Valtorta, DER GOTTMENSCH, Band. 1, Seite 100

Das Buch Mose (Genesis) berichtet über die Erschaffung der Erde. GOTT schuf Adam und Eva nach seinem Ebenbild. Das Ebenbild Gottes, sollte sich von der Tierwelt abheben. Adam wurde zum Herrn der Welt, die Elemente sollten ihm gehorchen, Eva war als seine Gehilfin geschaffen. Und Gott der Herr gebot dem Menschen und sprach: „Du darfst essen von allen Bäumen im Garten, aber von dem Baum der Erkenntnis des Guten und Bösen sollst du nicht essen; denn an dem Tage, da du von ihm isst, musst du des Todes sterben." Gn.2.16-17

Und sie nahm von der Frucht und ass und gab davon auch ihrem Manne, der bei ihr war, und er ass. Gn.3.5

Als Strafe wurden Adam und Eva von Gott auf die Stufe der Tiere gestellt und sie mussten, wie angedroht, sterben.

Zu dem Weibe (Eva) aber sprach er: „Viel Not sollst du haben durch Schwangerschaft; mit Schmerzen Kinder gebären und doch verlangen nach deinem Manne; und er soll dein Herr sein."

Und zu dem Menschen (Adam) sprach er: „Weil deinem Weibe du gehorcht und gegessen von dem Baume, von dem ich dir verbot zu essen, – verflucht sei der Acker um deinetwillen! mühselig sollst du dich davon nähren dein Leben lang; Dornen und Disteln soll er dir tragen, und du

sollst das Kraut des Feldes essen. Im Schweiß deines Angesichts sollst du dein Brot essen, bis du zum Acker zurückkehrst, von dem du genommen; denn Staub bist du, und zum Staube musst du zurück." Gn.3 15-19

GOTT bezeichnet **Adam als „ Mensch"** und **Eva als „Weib" und Gehilfin.** So steht es im 1. Buch Mose, über den Sündenfall. Berichtet wird nur über die Gebote und die Strafen; keine Begründung für das Gebot. Gott hat leider nicht auf einen Tonträger gesprochen. Er musste sich auf die Erzähler verlassen, und es waren viele.

In den Jahren 1943 bis 1947 hat der HERR, Maria Valtorta, durch Visionen und Diktate, über seine Verwandtschaft, die Erbsünde, seine Geburt und Kindheit, sein öffentliches Leben, seine Lehre und sein Erlösungswerk, berichtet. Es gibt kein stichhaltiges Argument, dieses Buch, nicht als vom HERRN geschaffen zu betrachten. Eine Bereinigung der Schriften, war längst überfällig.

Zum Sündenfall sagte der HERR zu Adam und Eva, in seinem Buch, DER GOTTMENSCH, Parvis-Verlag, Band I, Seite 100:

„Ihr kennt alle Gesetze und Geheimnisse der Schöpfung. Aber macht mir nicht das Recht streitig, Schöpfer des Menschen zu sein. Um das Menschengeschlecht fortzupflanzen, genügt

*meine Liebe, die in euch lebt. **Ohne sinnliche Begier und vielmehr durch den Herzschlag der Liebe, wird sie neue Adame des Menschengeschlechts zum Leben erwecken. Alles gebe ich euch. Nur dieses Geheimnis der Erschaffung des Menschen, behalte ich mir vor."***

*„Satan wollte dem Menschen diese Jungfräulichkeit des Verstandes rauben und hat mit seinen Schlangenzungen liebkosend die Glieder und Augen Evas umschmeichelt, indem er in ihr Gedanken und Empfindungen erweckte, die sie vorher nicht kannte, **weil die Bosheit, sie noch nicht vergiftet hatte.***

*„Sie sah" und da sie sah, wollte sie versuchen. **Das Fleisch war erweckt worden.** Oh, wenn sie doch Gott angerufen hätte! Wenn sie hingeeilt wäre, um zu sagen:" Vater, ich bin krank. Die Schlange hat mir geschmeichelt, und ich bin verwirrt".*

Der Vater hätte sie gereinigt und geheilt mit einem Hauch; wie er ihr das Leben eingegossen hatte. So konnte er ihr auch erneut die Reinheit einflössen und sie das Gift der Schlange vergessen lassen; ja ihr einen Widerwillen gegen die Schlange einflössen, ähnlich der instinktiven Abscheu, die diejenigen, die von einer Krankheit befallen und geheilt worden sind, gegen dasselbe Übel empfinden.

Aber Eva geht nicht zum Vater. Eva kehrt zur Schlange zurück. Die Empfindung gefällt ihr. *„Da sie sah, dass die Frucht des Baumes gut zu Essen war und dem Auge schön und angenehm erschien, nahm sie dieselbe und ass davon"*

*„Und „Sie verstand", **nun war die Bosheit in ihren Eingeweiden, um ihren Biss anzubringen.** Eva sah mit neuen*

*Augen und hörte mit neuen Ohren, die Gewohnheiten und die Stimmen der Tiere; **sie begehrte mit massloser Begierde. Sie hat alleine mit der Sünde begonnen. Sie vollendete sie mit ihrem Gefährten. Deshalb lastet auf der Frau die grössere Schuld.***

*Ihretwegen ist der Mann zum Rebell gegen Gott geworden und hat Unzucht und Tod kennengelernt. Ihretwegen hat er **die drei Reiche** nicht mehr zu beherrschen gewusst:*

***Das des Geistes**, weil er zuliess, dass der Geist sich gegen Gott empörte;*

***das des sittlichen Verhaltens**, weil er gestattete, dass die Leidenschaften ihn beherrschten;*

***das des Fleisches**, weil er es zu den instinktiven Gesetzen der unvernünftigen Tiere erniedrigte".*

Adam und Eva raubten dem Vater, das Geheimnis derErschaffung des Menschen. Das war die Erbsünde.

Das Gift der Schlange wirkt bis heute in allen Menschen. **Nur Gott kann uns, durch eine besondere Gnade, reinigen und heilen.**

Die Einen, geniessen das Gift als Droge und kultivieren es in vielfältigen Perversionen, **andere bitten den allmächtigen Vater, das Gift in uns, unschädlich zu machen.**

Trotz Erbsünde, haben die Menschen etwas Göttliches behalten dürfen: **Es ist der freie Wille.** Der freie Wille führt uns, gemäss unserer Gedanken und Werke, **in den Himmel oder in die Hölle.** Wer sein Lebens lang, Gott nicht die gebotene Achtung und Liebe entgegen bringt, hat seinen Willen nicht auf den Himmel gerichtet. Durch die Liebe Gottes in uns, sollte das Leben nach Seinem Willen entstehen. Durch eine besondere Gnade, wurde die Gottesmutter ohne Erbschuld geboren. **Ohne sinnliche Begier und vielmehr durch den Herzschlag der Liebe, kann sie neue Adame des Menschengeschlechts zum Leben erwecken. So entstand, nach Gottes Wille, Jesus unter dem Herzen Mariens. Als Herrin über die Elemente, (ohne Erbschuld) wie ehemals Adam und Eva, konnte Maria schmerzlos gebären. Der HERR trat einfach aus ihr heraus.**

Mann und Frau sind Geschöpfe Gottes und so ist auch diese Schöpfung gut, solange sie von Satan nicht verdorben wird.

Als Geschöpfe Gottes, haben Mann und Frau die gleiche Würde aber verschiedene Aufgaben und Pflichten, die sich in unterschiedlichen Fähigkeiten ergänzen.

**Wer aus ganzem Herzen,
Jesus Christus als seinen HERRN und ERLÖSER bekennt,
wird Seine Kirche und Lehren immer verteidigen.
Die Diener Satans, verbieten Sein Erlösungswerk, das
heilige Messopfer.**

4. **Die Erlösung der Gerechten durch Jesus Christus, der Hohepriester, Maria Valtorta, DER GOTTMENSCH, Band XII, Seite 175**

Mit dem Sündenfall von Adam und Eva, wurde der Himmel verschlossen. Gerechte und Heilige, konnten den für sie vorgesehenen Platz im Himmel, nicht einnehmen. Sie warteten in der Vorhölle, auf den verheissenen Messias, der den Himmel wieder öffnen sollte. Die Bösen kamen gleich an den Ort ihrer Bestimmung, in die Hölle. Über die „Erlösung" besteht eine grosse Unkenntnis. **Wer wurde durch den Kreuzestod des HERRN erlöst?**

Der HERR selbst hat diese Frage, in seinem Buch, DER GOTTMENSCH, Band XII Seite 175, beantwortet. Jesus sagte zu Seinen Apostel:

*„Schenkt mir eure ganze Aufmerksamkeit, denn ich muss euch ausserordentlich wichtige Dinge sagen. Ihr werdet sie noch nicht alle ganz verstehen. Aber er, der nach mir kommt, wird euch erleuchten. Hört mir also zu. Niemand ist mehr als ihr davon überzeugt, **dass der Mensch ohne Gottes Hilfe sehr leicht sündigt,** da seine, durch die Sünde geschwächte Verfassung, sehr anfällig ist.*

Ich wäre daher ein unkluger Erlöser, wenn ich, nachdem ich euch so viel gegeben habe, um euch zu erlösen, euch nicht auch die Mittel geben würde, um die Früchte meines Opfers zu bewahren.

*Ihr wisst, dass die Leichtigkeit zu sündigen von der Erbsünde herrührt, die die Menschen der Gnade und daher auch ihrer Seelenstärke beraubt: **der Vereinigung mit Gott".***

Ihr habt gesagt:" Aber du hast doch den **Menschen die Gnade (der Erlösung)** *wiedergegeben?"*

Nein, sie ist (nur) den Gerechten bis zu meinem Tod wiedergegeben worden. Um sie künftigen Menschen wieder zu geben, bedarf es eines Mittels. Eines Mittels, das nicht nur ein Ritual sein wird, sondern das alle, die es empfangen, wahrhaft zu Kindern Gottes machen wird. So wie Adam und Eva waren, deren von der Gnade belebten Seelen, erhabene Gnaden besassen. Die Gott seinen geliebten Geschöpfen geschenkt hatte.

Ihr wisst, was der Mensch besessen und was er verloren hat. Nun sind durch mein Opfer, **(Kreuzigung)** *wurden die Tore der Gnade wieder geöffnet, und der Strom der Gnade kann sich über alle ergiessen, die aus Liebe zu mir darum bitten.* ¨

Daher werden die Menschen die Eigenschaft haben, Kinder Gottes zu sein, durch die Verdienste des Erstgeborenen unter den Menschen, desjenigen, der zu euch spricht, eures Erlösers und ewigen Hohepriesters, eures Lehrers und Bruder im gemeinsamen Vater.

In Jesus Christus und durch Jesus Christus werden die gegenwärtigen und die zukünftigen Menschen, den Himmel besitzen und sich in Gott, dem letzten Ziel des Menschen, erfreuen können. Bis jetzt konnte auch der Gerechteste der Gerechten dieses Ziel nicht erreichen, obwohl auch sie beschnitten waren als Kinder des auserwählten Volkes. Trotz ihrer von Gott anerkannten Tugenden und obwohl ihre Plätze im Himmel bereit waren, war dieser doch verschlossen und ihnen der Besitz Gottes verwehrt, da auf ihren Seelen, den gesegneten Blumenbeeten aller Tugenden, auch der *verfluchte Baum der Erbsünde* stand, und kein Werk, so heilig es auch war, ihn zerstören konnte; **und weil man nicht in den Himmel eingehen kann mit den Wurzeln und dem Laub einer schädlichen Pflanze.**

Am Rüsttag (Karfreitag) verstummte das Seufzen der Patriarchen und Propheten und aller Gerechten Israels, in der Freude der vollendeten Erlösung, *und die Seelen, weisser als der Bergschnee durch ihre Tugenden, waren nun rein von dem einzigen Makel, der sie vom Himmel trennte.*

Aber das Leben auf der Welt geht weiter. Generationen kommen und gehen. *Immer neue Völker werden zu Christus kommen. Und kann Christus für jede neue Generation sterben, um sie zu erlösen, oder für jedes Volk, das zu ihm kommt?* **Nein. Christus ist einmal gestorben und wird in Ewigkeit nicht mehr sterben.** *Sollen also diese Generationen, diese Völker durch mein Wort wissend werden, aber nicht den Himmel besitzen und Gott schauen dürfen, weil sie von der Erbsünde befleckt sind? Nein. Das wäre nicht gerecht, weder ihnen gegenüber, deren Liebe zu mir vergeblich wäre, noch mir gegenüber, der ich dann für viel zu wenig gestorben wäre.*

Was dann? Wie kann man diese verschiedenen Dinge in Einklang bringen? Welches neue Wunder wird Christus wirken, der schon so viele Wunder gewirkt hat, bevor er die Welt verlässt, um in den Himmel zurückzukehren, nachdem er die Menschen so sehr geliebt hat, dass er sogar für sie sterben wollte?
Ein Wunder hat er schon gewirkt, da er euch sein Fleisch und Blut als stärkende und heiligende Speise und zum Gedenken

an seine Liebe gelassen und euch aufgetragen hat, zu tun, was er getan hat, zu seinem Andenken und als heiligmachendes Mittel für die Jünger und für die Jünger der Jünger bis ans Ende der Zeiten.

Aber erinnert ihr euch, was ich an jenem Abend getan habe, obwohl ihr äusserlich schon rein wart? Ich habe mir ein Linnen Tuch umgebunden und euch die Füsse gewaschen, und zu einem von euch, der sich über diese erniedrigende Geste erregte, habe ich gesagt: „Wenn ich dich nicht wasche, wirst du keinen Anteil an mir haben". Ihr habe nicht verstanden, was ich damit sagen wollte, welchen Anteil ich meinte, welches Symbol dies war. Nun, so will ich es euch sagen.

Ich habe euch nicht nur gelehrt, dass Demut und Reinheit notwendig sind, um in das Himmelreich einzugehen und Anteil an meinem Reich zu haben.

Ich habe euch nicht nur mit Güte darauf aufmerksam gemacht, dass Gott von einem Gerechten, der also reinen Geistes und Verstandes ist, einzig und allein eine letzte Waschung des Teils verlangt, der naturgemäss selbst bei den Gerechten am leichtesten verunreinigt wird, und sei es auch nur durch den Staub, den das notwendige Zusammenleben mit den Menschen auf den reinen Gliedern, dem Fleisch hinterlässt, sondern ich habe euch noch auf etwas anders hingewiesen. Ich habe euch die Füsse gewaschen, den untersten Teil des Körpers, der durch Schlamm und Staub, vielleicht auch durch Schmutz geht, und habe damit das Fleisch gemeint, den materiellen Teil des Menschen, der immer - ausser bei denen, die durch das Wirken Gottes oder die göttliche Natur frei sind vom Makel der Erbsünde – Unvollkommenheiten aufweist. Sie sind manchmal so klein, dass nur Gott sie sieht; trotzdem muss man über sie wachen, damit sie nicht wachsen und zur Gewohnheit werden, und man muss sie bekämpfen, um sie auszurotten.

Ich habe euch also die Füsse gewaschen. Warum? Bevor ich das Brot gebrochen und es mit dem Wein in mein Fleisch und Blut verwandelt habe. **Denn ich bin das Lamm Gottes und kann nicht dorthin kommen, wo Satan seine Spuren hinterlassen hat.** *Deshalb habe ich euch zuvor gewaschen.* **Dann habe ich mich euch geschenk**t. *Auch ihr werdet durch die Taufe jene waschen, die zu mir kommen,* **damit sie nicht unwürdig meinen Leib empfangen und dies für sie nicht zum furchtbaren Todesurteil werde.**

*Ihr seid bestürzt. Ihr seht einander an. Eure Blicke fragen: „Und Judas?" Ich sage euch: „**Judas hat seinen Tod gegessen**". Dieser höchste Akt der Liebe hat sein Herz nicht berührt.* **Der letzte Versuch seines Meisters ist am Stein seines Herzens abgeprallt, und dieser Stein trug anstelle des Taus, das furchtbare Siegel Satans eingemeisselt, das Zeichen des Tieres.**

Ich habe euch also gewaschen, bevor ich euch zum eucharistischen Mahl zugelassen und das Bekenntnis eurer Sünden entgegengenommen habe, bevor ich euch den Heiligen Geist eingegossen und euch damit als wahre Christen in der Gnade und als meine Priester bestätigt habe.

Und so soll es auch mit allen anderen geschehen, die ihr auf das christliche Leben vorbereiten werden.

Tauft mit Wasser im Namen des Einen und Dreieinen und in meinem Namen, damit durch meine unerschöpflichen

Verdienste, die Erbschuld in den Herzen getilgt, die Sünden vergeben, die Gnaden und die heiligen Tugenden eingegossen werden und der Heilige Geist herabkomme und Wohnung nehmen kann, in den geweihten Tempel, die die Leiber der in der Gnade des Herrn lebenden Menschen sein werden.

*War das Wasser notwendig, um die Sünde zu tilgen? Das Wasser berührt die Seele nicht, nein. Aber ein nicht stoffliches Zeichen sieht der Mensch nicht, der in allen seinen Werken so auf die Materie bezogen ist. **Auch ohne sichtbares Zeichen hätte ich das Leben eingiessen können**.*

***Aber wer hätte es dann geglaubt?** Wie viele Menschen können unerschütterlich glauben, auch wenn sie nicht sehen? Nehmt daher vom alten mosaischen Gesetz das reine Wasser, mit dem man die Unreinen wäscht, um sie, nachdem sie sich an einem Leichnam verunreinigt haben, wieder zu den Versammlungen zulassen zu können.*

In Wahrheit ist jeder Mensch, der geboren wird, verunreinigt, da er mit einer der Gnade gestorbenen Seele in Berührung kommt. Er muss also mit dem reinigenden Wasser von der unreinen Berührung gereinigt werden, um würdig zu werden, in den ewigen Tempel einzutreten. Haltet das Wasser in Ehren.

Nachdem ich gesühnt und durch dreiunddreissig Jahre mühsamen Lebens, das in der Passion seinen Höhepunkt erreichte, erlöst hatte, nachdem ich mein ganzes Blut für die Sünden der Menschen gegeben hatte, floss aus dem ausgebluteten und verbrauchten Leib des Märtyrers die heilsamen Wasser, die die Erbsünde abwaschen.

Mit dem vollbrachten Opfer habe ich euch von diesem Makel erlöst. Wäre ich an der Schwelle des Lebens, durch eines meiner göttlichen Wunder vom Kreuz gestiegen, wahrlich, ich sage euch, durch das vergossene Blut hätte ich euch von euren Sünden gereinigt, <u>aber nicht von der Erbschuld.</u>

Für sie war das bis zum Ende vollbrachte Opfer notwendig.

Wahrlich, die heilsamen Wasser, von denen Ezechiel spricht, sind aus dieser meiner Seitenwunde geflossen. **Versenkt eure Seele in dieses Wasser, damit sie makellos daraus hervorgehen, um den Heiligen Geist zu empfangen.**

Er wird im Gedenken an den Hauch, durch den der Schöpfer Adam eine Seele gab und ihn damit zu seinem Bild und Gleichnis machte, wieder in den Seelen der erlösten Menschen atmen und wohnen.

Tauft mit meiner Taufe, aber im Namen des dreieinigen Gottes; *denn in Wahrheit sage ich euch, hätten der Vater nicht gewollt und der Geist nicht mitgewirkt, wäre das Wort nicht Fleisch geworden und es hätte keine Erlösung gegeben.*

Daher ist es gerecht und geziemend, dass der Mensch in der Taufe das Leben durch jene empfängt, die ihren Willen vereint haben, um es ihm zu geben: der Vater, der Sohn und der Heilige Geist, und dass der Getaufte von mir den Namen Christ empfängt, um diesen Ritus von den anderen, in der Vergangenheit und in der Zukunft zu unterscheiden, **die zwar Riten sind, aber dem unsterblichen Teil kein unauslöschliches Zeichen aufprägen.**

Und nehmt das Brot und den Wein, so wie ich es getan habe, und segnet, teilt und verteilt sie in meinem Namen; und die Christen sollen sich an mir sättigen. **Brot und Wein opfert dem Vater im Himmel und verzehrt sie dann zum Gedächtnis des Opfers**, *das ich zu eurem Heil dargebracht und am Kreuz vollbracht habe.*

Ich, Priester und Opfer, habe mich selbst geopfert und verzehrt, *da kein anderer, wenn ich nicht gewollt hätte, mich hätte opfern können.*

Ihr meine Priester, sollt dies zu meinem Gedächtnis tun, damit die unerschöpflichen Schätze meines Opfers flehend zu Gott aufsteigen und wohltuend auf jene herabkommen, die mit festen Glauben darum bitten".

Die Priester haben den klaren Auftrag, zum Gedächtnis des HERRN, die unerschöpflichen Schätze Seines Opfers flehend zu Gott aufsteigen zu lassen. Nicht ein Gedächtnis zu feiern. *„Nun sind durch mein Opfer,* (Kreuzigung*) wurden die Tore der Gnade wieder geöffnet",* sagt der HERR. Dieses Opfer soll im hl. Messopfer fortbestehen.
Daher will Satan das hl. Messopfer und das Priestertum, bis 1984 zerstören.

**Wer aus ganzem Herzen,
Jesus Christus als seinen HERRN und ERLÖSER bekennt,
wird Seine Kirche und Lehren immer verteidigen.
Die Diener Satans, verbieten Sein Erlösungswerk, das
heilige Messopfer**

5. Die Kirche des HERRN und Sein Stellvertreter

Die Kirche hat ein unsichtbares Oberhaupt, Jesus Christus, die Zweite Göttliche Person, unseren HERR und Erlöser. Als Seinen sichtbaren Stellvertreter, hat der HERR, den Apostel Petrus bestellt.

Welche Kennzeichen hat Christus seiner Kirche gegen? Der Katechismus vom Bistum Basel, aus dem Jahr 1932 lehrt:

Nr. 99 Christus hat **seiner** Kirche vier Kennzeichen gegeben. Der HERR machte die Kirche: **einig, heilig, allgemein und apostolisch.**

1. **Die Kirche Jesu soll einig sein**: denn er gab für alle Menschen die gleiche Lehre, die gleichen Sakramente, das gleiche Oberhaupt.
2. **Die Kirche Jesu soll heilig sein**, denn er gab ihr eine heilige Lehre und Mittel, um heilig zu machen.
3. **Die Kirche Jesu soll allgemein oder katholisch sein,** denn er bestimmte sie für die Menschen aller Orte und aller Zeiten.
4. **Die Kirche Jesu soll apostolisch sein, das heisst**: von den Aposteln herkommen; denn er hat das dreifache Amt den Aposteln übertragen, und niemand kann es besitzen, wenn es ihm nicht durch einen rechtmässigen Nachfolger der Apostel zugekommen ist.

Die Hüterin und Lehrerin unseres Glaubens ist die heilige katholische Kirche. Durch den Mund der Kirche lehrt uns Christus, unser himmlischer HERR.

Der Papst hat die Aufgabe, den Willen Gottes, seine Lehre und seine Sakramente, gemeinsam mit den Bischöfen und Priester, zu verwalten und zu behüten. Die Kirche ist das Eigentum des HERRN.

"Du bist Petrus der Fels und auf diesen Felsen will ich meine Kirche bauen und die Pforten der Unterwelt werden sie nicht überwältigen". Mt. 18.16.18.

Der Papst ist oberster Richter der Kirche, untersteht aber auch dem Kirchenrecht.

Der hl. Franz von Sales 1567-1622 lehrt: „Wenn der Papst explizit Häretiker ist. verliert er ipso facto seine Würde (Amt) und die Mitgliedschaft in der Kirche"

Der hl. Robert Bellami 1542-1621 sagt: Ein Papst, der offensichtlich Häretiker ist, hört automatisch auf, Papst und Haupt zu sein. Wie er automatisch aufhört, Christ und Glied der Kirche zu sein"

Wahrscheinlicher ist, dass der Kandidat bereits wegen Häresie oder als Freimaurer exkommuniziert ist und daher das Amt nicht annehmen darf.

Wer kann zum Papst gewählt werden?

Jeder ledige getaufte männliche Katholik, kann zum Oberhaupt der römisch-katholischen Kirche gewählt werden. Der hl Franz von Sales ergänzt die Auflage und lehrt: **er muss Christ und Glied der Kirche sein.** Wer exkommuniziert ist, ist weder Christ noch Glied der Kirche.

Dass der Papst „straucheln" könnte, lehnen viele Theologen ab und verweisen auf Lk. 22.32 „Ich habe für dich gebetet, dass dein Glaube nicht schwindet; und du, wenn du dereinst wieder umgekehrt bist, stärke deine Brüder". Aus diesem Gebet des HERRN, ein göttliches Versprechen abzuleiten, entspricht nicht der Intension Gottes. Der freie Wille des Menschen wird von Gott nie angetastet.

Was wir mit Sicherheit sagen können, der Wille des Herrn leitet Seine Kirche. Dein Wille geschehe, wie im Himmel so auch auf Erden, in Deiner Kirche. **Dass die Kirche, 1884, den wahren Glauben besass, wissen wir von der Gottesmutter. Sie sagte in La Salette: „Rom wird den Glauben verlieren und zum Sitz des Antichristen werden".**

1884 erklärte Satan:" Ich kann deine Kirche zerstören" Auch hier wird bestätigt, dass die Kirche, in der tridentinischen Ordnung, Gottes Wille entspricht. Unzählige Bullen und päpstliche Verfügungen, sollten diesen Zustand bewahren. Das war die Situation der Kirche nach dem Ersten Vatikanischen Konzil. Wer Bullen und päpstliche Verfügungen als falsch erklärt, steht im Bann.

**Wer aus ganzem Herzen,
Jesus Christus als seinen HERRN und ERLÖSER bekennt,
wird Seine Kirche und Lehren immer verteidigen.
Die Diener Satans, verbieten Sein Erlösungswerk, das
heilige Messopfer.**

6. Das Priestertum und das Messopfer

Das Priestertum besteht aus den Bischöfen, den direkten Nachfolger der Apostel und den, von den Bischöfen geweihten, Priestern. **Als gehorsame Diener der Kirche, sind sie zur Bewahrung des Glaubens und dessen unversehrte Weitergabe verpflichtet.**

Ihre Aufgabe ist es, dem Vater im Himmel **das heilige Messopfer** darzubringen, nach den Vorschriften des Konzils von Trient. Bischöfe und Priester haben die Macht, Brot und Wein, in den Leib und das Blut unseres HERRN Jesus Christus zu verwandeln. Hierzu ist aber eine, von der katholischen Kirche approbierte Weihe, erforderlich. **Die Realpräsenz des HERRN und dessen Gnaden, gibt es nur in Seiner Kirche.** Unzählige Beweise zeugen hiervon.

Der Katechismus der Bistümer Deutschlands lehrt auf Seite 148 unter: 77.

In der Feier der heiligen Eucharistie (Messopfer) wird das Kreuzesopfer vergegenwärtigt.

„Wenn die Kirche die heilige Eucharistie feiert, bringt Christus in unserer Mitte dasselbe Opfer dar, das er am Kreuz dargebracht hat"

Das heilige Messopfer ist das dasselbe Opfer wie das Kreuzesopfer, weil in beiden Christus der Opferpriester und die Opfergabe ist. *Im heiligen Messopfer wird das Kreuzesopfer vergegenwärtigt.*

Das Messopfer und das Kreuzesopfer unterscheiden sich aber auch. Das Kreuzesopfer war ein blutiges Opfer, das Messopfer ist ein unblutiges Opfer. Das Kreuzesopfer wurde nur einmal dargebracht; das Messopfer wird immer wieder dargebracht, bis der HERR am Jüngsten Tag wiederkommt. Das Messopfer ist das immerwährende unblutige Opfer des Neuen Bundes. Im heiligen Messopfer gibt uns Christus Anteil an seinem Kreuzesopfer. Er nimmt uns hinein in seine Hingabe an den Vater und erfüllt uns mit den Gnaden, die er uns durch seinen Tod verdient hat.

Weil das heilige Messopfer dasselbe Opfer ist wie das Kreuzesopfer, ist es das vollkommenste Opfer.

Durch die heilige Eucharistie wird Gott die höchste Verherrlichung und Danksagung dargebracht; durch sie wird uns in vollkommener Weise die Vergebung der Sünden und die Gnaden Gottes erfleht; Durch sie wird unermesslicher Segen auf die Welt herabgerufen, auf Lebende und Verstorbene. Die heilige Eucharistie ist das vollkommenste Lob-, Dank-, Sühne- und Bittopfer."

Der Auftrag des HERRN an die Priester lautet: „**Tut dies zu meinem Gedächtnis**". Die Priester sollen im hl. Messopfer die unerschöpflichen Schätze Seines Opfers, flehentlich zu Gott aufsteigen lassen, damit sie wohltuend auf jene herabkommen, die mit festem Glauben darum bitten. **Es gibt nur diesen Auftrag des HERRN für Seine Priester**

Die Gnaden des Messopfers sind Bedingungen gebunden. Zunächst muss der in der Bulle „Quo primum" festgelegte Ritus eingehalten werden, dann kann das Messopfer nur

durch einen Priester, der katholischen Kirche, wirksam vollzogen werden. Satan hat den Ritus des Messopfers verboten und die Bischofsweihe so manipulieren, dass sie ungültig ist.

Wer aus ganzem Herzen,
Jesus Christus als seinen HERRN und ERLÖSER bekennt,
wird Seine Kirche und Lehren immer verteidigen.
Die Diener Satans, verbieten Sein Erlösungswerk, das
heilige Messopfer.

7. Das Missale Romanum

Die Messbücher wurden vor dem Konzil von Trient, in den Klöstern geschrieben und sie unterschieden sich daher geringfügig, in den verschiedenen Bistümern. Die Erfindung des Buchdrucks, ermöglichte weltweit, gleichlautende Messbücher zu drucken.

Mit der Bulle „Quo primum" wurde vom hl. Papst Pius V. das Missale Romanum einheitlich und unwiderruflich, für alle Zeiten promulgiert. Die Bulle hat folgenden Wortlaut: **„Quo Primum" vom hl. Papst Pius V. am 17.7.1570**

„Bischof Pius, Diener der Diener Gottes zum ewigen Gedächtnis. Seit Unserer Berufung zum höchsten Apostolischen Amt richten wir gern Unseren Sinn, Unsere Kräfte und alle Unsere Überlegungen auf die Reinerhaltung des Kirchlichen Kultes und bemühen Uns, das dazu Nötige in die Wege zu leiten und mit Gottes Beistand mit allem Eifer wirksam zu machen.

*Nun hatten Wir gemäß den Beschlüssen des Heiligen Konzils von Trient über die Herausgabe und die Verbesserung der Heiligen Bücher, nämlich des Katechismus, des Missales und des Breviers zu verfügen. **Nachdem mit Gottes Zustimmung der Katechismus zur Belehrung des Volkes herausgegeben und das Brevier zum schuldigen Gotteslob verbessert worden war, mussten Wir Uns, damit dem Brevier das Missale gebührend entspreche (da es sich gar sehr geziemt, dass in der Kirche Gott auf einheitliche Art gelobt und die Messe auf einheitliche Art gefeiert werde), der noch verbliebenen Aufgabe zuwenden: das Missale selbst herauszugeben.***

Wir hielten es darum für richtig, diese Bürde ausgesuchten Gelehrten zu übertragen. Nach sorgfältiger Untersuchung der alten Bücher Unserer Vatikanischen Bibliothek sowie anderer, von überall herbeigeholter, verbesserter und unverderbter Handschriften, ebenso auch der Überlegungen der Alten und der Schriften anerkannter Autoren, die Uns Aufzeichnungen über die heilige Einrichtung der Riten hinterlassen haben, stellten diese gelehrten Männer das Missale nach Vorschrift und Ritus der Heiligen Väter wieder her.

Damit alle aus dieser Arbeit Nutzen zögen, haben Wir, nachdem Wir es geprüft und verbessert hatten, nach reiflicher Überlegung angeordnet, dass es möglichst bald in Rom gedruckt und herausgegeben werde.

Die Priester im Besonderen sollen daraus erkennen, welche Gebete sie von jetzt an bei der Messfeier verwenden und welche Riten und Zeremonien sie dabei einhalten müssen. Damit aber alle das von der Heiligen Römischen Kirche, der Mutter und Lehrerin der übrigen Kirchen, Überlieferte überall erfassen und beachten, setzen Wir durch diese Unsere ewig gültige Konstitution unter Androhung Unseres Unwillens als Strafe fest und ordnen an: fürderhin soll in allen kommenden Zeiten auf dem christlichen Erdkreis in allen Patriarchalkirchen, Kathedralen, Kollegiaten und Pfarreien, in allen weltlichen, klösterlichen - welchen Ordens und welcher Regel sie auch seien, ob Männer- oder Frauenklöster - in allen militärischen und ungebundenen Kirchen oder Kapellen, in denen die Messe des Konvents laut mit Chor oder still nach dem Ritus der Römischen Kirche gefeiert zu werden pflegt oder gefeiert werden sollte, nicht anders als nach dem von Uns herausgegebenen Missale gesungen oder gelesen werden, auch wenn diese Kirchen irgendwelche Ausnahmen genießen, durch *ein Indult des Apostolischen Stuhles, durch Gewohnheitsrecht oder Privileg, ja durch Eid oder Apostolische Bestätigung oder irgendwelche andere Besonderheiten bevorzugt sind - außer wenn sie gleich von ihrer vom Apostolischen Stuhl gutgeheißenen Errichtung an oder aus Tradition bei der Messfeier einen mindestens zweihundertjährigen Ritus in eben diesen Kirchen ohne Unterbrechung eingehalten haben.*

Diesen letzteren nehmen Wir keineswegs das genannte Sonderrecht oder die Tradition bei der Messfeier, doch gestatten Wir, falls das von Uns herausgegebene Missale mehr gefällt, dass die Messen mit Zustimmung des Bischofs oder Prälaten und des gesamten Kapitels, ungeachtet anderer Bestimmungen, nach Unserem Missale gefeiert werden.

Allen anderen genannten Kirchen jedoch benehmen Wir damit den Gebrauch ihrer Missalien, verwerfen sie von Grund auf und vollständig und setzen fest, dass diesem Unseren gerade herausgegebenen Missale niemals etwas hinzugefügt, weggenommen oder an ihm verändert werden dürfe.

Streng befehlen Wir jedem einzelnen Patriarchen und Verwalter der vorgenannten Kirchen, allen anderen Personen, gleich welchen Ranges sie auch seien, in der Tugend des heiligen Gehorsams: sie sollen die bisher gewohnten Weisen und Riten (auch die aus noch so alten Messbüchern) in Zukunft ganz und gar aufgeben, völlig verwerfen und die Messe nach Ritus, Weise und Norm Unseres Maßbuches singen und lesen, und sie sollen nicht wagen, bei der Messfeier andere Zeremonien und Gebete als die in diesem Missale enthaltenen hinzuzufügen oder vorzulesen.

Und dass sie in allen Kirchen bei der gesungenen oder gelesenen Messe ohne Gewissensskrupel oder Furcht vor irgendwelchen Strafen, Urteilen und Rügen von nun an ausschließlich diesem Missale folgen, es unbefangen und rechtens zu gebrauchen imstande und ermächtigt sind, dazu geben Wir kraft Unserer Apostolischen Vollmacht für jetzt und für ewig Unsere Bewilligung und Erlaubnis. **Ebenso setzen Wir fest und erklären: Kein Vorsteher, Verwalter, Kanoniker, Kaplan oder anderer Weltpriester und kein Mönch gleich welchen Ordens darf angehalten werden, die Messe anders als wie von Uns festgesetzt zu feiern, noch darf er von irgendjemandem gezwungen und veranlasst werden, dieses Missale zu verändern, noch kann das vorliegende Schreiben irgendwann je widerrufen oder modifiziert werden, sondern es bleibt für immer im vollen Umfang rechtskräftig bestehen.** *Damit sind alle gegenteiligen früheren Bestimmungen, Apostolischen Konstitutionen und Ordinationen, alle allgemeinen oder besonderen Konstitutionen und Ordinationen von Provinzial- oder Synodal-Konzilien, ebenso die Statuten und Gewohnheiten der oben erwähnten Kirchen, auch wenn ihr Brauch zwar durch eine sehr alte und ehrwürdige Vorschrift gestützt, aber nicht älter als zweihundert Jahre ist, außer Kraft gesetzt.*

Von der Veröffentlichung dieser Unserer Konstitution und des Missales an sollen die Priester an der römischen Kurie angehalten werden, nach einem Monat, die diesseits der Alpen nach drei, die jenseits der Alpen nach sechs Monaten, oder sobald sie dieses Missale käuflich erwerben können, die Messe danach zu singen oder zu lesen. Damit es überall auf der Erde unverderbt und von Fehlern und Irrtümern rein bewahrt werde, verbieten Wir kraft Apostolischer Vollmacht mit dem vorliegenden Schreiben allen Buchdruckern in Unserem und von S. R. E. [Sanctae Romanae Ecclesiae) mittelbaren und unmittelbaren Herrschaftsbereich bei Strafe des Bücherverlusts und von an die Apostolische Kammer zu zahlenden hundert Golddukaten, den anderen Buchdruckern aber in allen Teilen der Erde bei Strafe der Exkommunikation im weiten Sinne und anderen Strafen nach unserem Schiedsspruch: dass sie sich ohne Unsere, bzw. die ausdrücklich dazu erteilte Erlaubnis eines von Uns an dem betreffenden Ort zu bestellenden Apostolischen Kommissars nicht unterstehen sollen, zu drucken, zu verkaufen und überhaupt anzunehmen, außer wenn vorher durch eben diesen Kommissar eben diesem Buchdrucker volle Gewissheit gegeben worden ist, dass das Messbuchexemplar, welches die Norm für den Druck weiterer Exemplare zu sein hat, mit dem in Rom im Erstdruck hergestellten Missale verglichen worden sei, mit ihm übereinstimme und in gar nichts abweiche.

In Anbetracht der Schwierigkeit, das vorliegende Schreiben an alle Orte des christlichen Erdkreises und gerade in der ersten Zeit zur Kenntnis aller zu bringen, schreiben Wir vor: Es soll in herkömmlicher Weise an den Türflügeln der Basilika des Apostelfürsten und der Apostolischen Kanzlei und an der Spitze des Campus Florae öffentlich angeschlagen werden; man soll auch den gedruckten Exemplaren dieses Schreibens, die von einem öffentlichen Notar handschriftlich unterzeichnet und mit dem Siegel eines kirchlichen Würdenträgers versehen sind, bei allen Völkern und an allen Orten geradewegs denselben unbezweifelten Glauben schenken, wie man ihn dem vorliegenden Schreiben schenken würde, wäre es sichtbar ausgestellt.

Überhaupt keinem Menschen also sei es erlaubt, dieses Blatt, auf dem Erlaubnis, Beschluss, Anordnung, Auftrag, Vorschrift, Bewilligung, Indult, Erklärung, Wille, Festsetzung und Verbot von Uns aufgezeichnet sind, zu verletzen oder ihm in unbesonnenem Wagnis zuwiderzuhandeln.

Wenn aber jemand sich herausnehmen sollte, dies anzutasten, so soll er wissen, dass er den Zorn des Allmächtigen Gottes und Seiner Heiligen Apostel Petrus und Paulus auf sich ziehen wird.

Gegeben zu Rom bei Sankt Peter im fünfzehnhundertsiebzigsten Jahre der Geburt des Herrn am 14. Juli im Fünften Jahre Unseres Pontifikats."

Übersetzt von Prof. Peter Schilling, Wien.¨

Das Konzil von Trient lehrt dogmatisch:
„Wenn jemand sagt, das heilige Messopfer sei nur ein Lob- und Dankopfer, oder: es sei nur eine blosse Erinnerung des Kreuzesopfer, nicht aber ein Versöhnungsopfer, oder wenn jemand sagt, es nutze nur dem, der die Kommunion empfängt, es würde nicht für die Lebenden und Verstorbenen dargebracht, nicht zum Nachlass von Sünden, Sündenstrafen und Verstorbenen dargebracht, nicht zum Nachlass von Sünden, Sündenstrafen und deren Genugtuung und für andere Bedürfnisse, der sei im Bann"(Trient D 950)

39

Wer aus ganzem Herzen,
Jesus Christus als seinen HERRN und ERLÖSER bekennt,
wird Seine Kirche und Lehren immer verteidigen.
Die Diener Satans, verbieten Sein Erlösungswerk, das
heilige Messopfer

8. Realpräsenz, Eucharistische Wunder in aller Welt

Im Hochgebet des Messopfers, eines gültig geweihten und gläubigen Priesters, wird das Brot und der Wein, in das Fleisch und Blut unseres Erlösers, Jesus Christus, verwandelt. Die Kirche spricht hier von der Realpräsenz des HERRN. Das heilige Messopfer ist dasselbe Opfer wie das Kreuzesopfer, weil Christus der Opferpriester und die Opfergabe ist.
Die Realpräsenz zu leugnen ist nicht möglich. Dazu gibt es zu viele eucharistische Wunder in der Welt.

Im Rundbrief vom 30.3.2016 der Abtei Saint-Joseph de Clairval lesen wir: „Um den Glauben der Kirche zu stärken, hat der Herr in seiner Gnade der Welt 2008 erneut einen Beweis seiner Liebe geliefert und ihr ein weiteres Wunder geschenkt.

Am 12. Oktober 2008 zelebrierte Pater Jacek Ingielewicz in der St. Antonius-Kirche in Sokolka (Polen) in Anwesenheit von 200 Personen die Messe. Beim Austeilen der Kommunion fiel eine Hostie zu Boden. Pater Jacek hob sie auf und legte sie in ein kleines liturgisches Silbergefäss, das er mit Wasser füllte, damit die Hostie sich auflösen konnte, und legte das Ganze in einen Safe in der Sakristei. Sobald sich eine Hostie nämlich ganz aufgelöst hat, ist der Leib Christi nicht länger darin präsent. Pater Jacek informierte den Pfarrer der Gemeinde, Stanislaw Gniedziejko, der das Gefäss zwei Wochen lang im Safe beliess. Dann stellte er fest, dass sich die Hostie in Wasser nicht nur nicht aufgelöst hatte, sondern mittlerweile so etwas wie einen Blutfleck aufwies. „Ich war bestürzt, ich wusste nicht, was ich davon halten sollte". Sagte Pater Stanislaw später. „ Meine Hände zitterten, als ich den Safe wieder zusperrte: Ich war sprachlos" Er beschloss den Bischof der nahe gelegenen Stadt Bialystok, Edward Ozorowski, zu benachrichtigen. Als dieser in Sokolka eintraf, zeigte man ihm die Hostie, die man auf eine Korporale gelegt hatte. Neben der Blutfleck erblickte er etwas, was einer organischen Substanz ähnelte .Es erinnerte an die Gewebeproben, die „ viele von uns im Biologieunterricht untersucht haben", bemerke Pater Jacek.

Am 5. Januar 2009 beauftragte der Bischof zwei Medizinprofessoren der Universität von Bialystok, Maria-Elisabeth Sobaniec-Lotowaska und Stanislaw Slukowsksi, jeweils ein Stück der Hostie zu untersuchen. Beide Professoren hatten über 30 Jahre lang im Bereich der Histopathologie gearbeitet. Pater Andrzej Kakareki, der Kanzler des erzbischöflichen Amtes von Bialystok, übergab jedem der beiden Experten eine der Hostie entnommenen Gewebeproben. Die Studie wurde am Pathologischen Institut der Universität durchgeführt. Als die Laborproben entnommen wurden, blieb das unversehrte Fragment der Hostie fest mit dem zu untersuchenden Gewebe verbunden, ohne etwas von seiner weissen Farbe zu verlieren. Beide Speziallisten arbeiteten unabhängig voneinander, kamen jedoch zum selben Schluss: Was man ihnen übergeben hatte, war lebendes – allerding in Agonie befindliches – menschliches Herzmuskelgewebe. Professor Sulkowski erklärte, er habe zahlreiche typisch biomorphologische Indikationen für Herzmuskelgewebe" sowie sichtbare Beschädigungen in Form kleiner Risse an den Gewebefasern festgestellt. Er fügte hinzu: „ Solche Beschädigungen können nur an lebenden Fasern beobachtet werden, und sie sind Zeichen schneller Zuckungen des Herzmuskels unmittelbar vor dem Tod"

PORFESSORIN Sobaniec-Lotowska bestätigte: „Es handelt sich um lebendes Herzmuskel-gewebe" Sie äusserte Verwunderung darüber, dass ein Gewebefragment nach der Trennung von dem Organismus, dessen Bestandteil es ursprünglich gewesen war, weiterlebt; das sei ein unglaubliches Phänomen" Sie erklärte: „ Die Hostie war lange Zeit im Wasser gewesen und wurde danach auf die Korporale gelegt.; das Gewebe hätte also einen Erstickungsprozess durchlaufen müssen, doch bei unseren Tests wurde nichts dergleichen festgestellt.... Aufgrund unseres derzeitigen Kenntnisstandes in der Biologie können wir dieses Phänomen wissenschaftlich nicht erklären". Besonders irritiert durch das verwachsen sein des Herzmuskelgewebes mit der Hostie, das durch Untersuchungen mittels Licht- und Transmissionselektronenmikroskop bestätigt wurde, stellte sie fest: Das beweist, dass es hier keinerlei Manipulation des Gewebes durch einen Menschen gegeben haben kann. (vgl. Erklärung der Professorin Sobianec-Lotowska in dem Bericht „ Das eucharistische Wunder von Sokowska" Lux Veritatis, 2010) Das Blut der Hostie weist dieselben Merkmale auf, wie das Blut auf dem heiligen Grabtuch von Turin und das Blut des Wunders von Lanciano (Blutgruppe AB) Bei allen eucharistische Wunder in der Welt, handelt es sich immer, um die Blutgruppe AB und einen lebenden Herzmuskel. (Agonie)

**Wer aus ganzem Herzen,
Jesus Christus als seinen HERRN und ERLÖSER bekennt,
wird Seine Kirche und Lehren immer verteidigen.
Die Diener Satans, verbieten Sein Erlösungswerk, das
heilige Messopfer**

9. Gottes Offenbarungen und Seine Warnungen

Jahwe, der HERR, tut nichts ohne Seinen Plan, Seinen Knechten, den Propheten zu offenbaren. Amos 3.7

Der liebende Vater macht uns immer auf bestehende Gefahren aufmerksam.

Offenbarung des Johannes, die Gott ihm gab, damit er seinen Knechten zeigt, was bald geschehen wird; und er hat es durch seinen Engel, den er sandte, seinem Knecht Johannes gezeigt. Dieser bezeugt, was er geschaut hat, das Wort Gottes und das Zeugnis Jesu Christi. Offb. 1.1-2

Das Tier aus dem Meer: „Und es bringt es fertig, dass alle, die Kleinen und die Großen, die Reichen und die Armen, die Freien und die Sklaven, sich ein Mahlzeichen auf ihre rechte Hand oder auf ihrer Stirn anbringen. Ohne dass niemand kaufen und verkaufen kann, wenn er nicht das Mahlzeichen, den Namen des Tieres oder die Zahl seines Namens hat. Hier ist die Weisheit (vonnöten) Wer Verstand hat, rechnet die Zahl des Tieres aus. **Es ist nämlich die Zahl eines Menschen. Und die Zahl ist 666.** Offb. 13.16-18 Wer heute einkaufen geht, begegnet dieser Zahl". **Wir sind in der Hand des Tieres.**

Falsche Lehrer: „Es gab aber auch falsche Propheten im Volk; so wird es auch bei euch falsche Propheten geben. **Sie werden**

verderbliche Lehren verbreiten und den Herrscher, der sie erkauft hat, verleugnen; doch sie werden sich selbst bald ins Verderben stürzen. Mit ihrer Zügellosigkeit werden sie viele Anhänger finden, und ihretwegen, wird man den Weg der Wahrheit lästern. In ihrer Habgier werden sie euch mit verlogenen Worten zu kaufen versuche, aber das Gericht über sie ist schon lange am Werk, und ihr Verderben schläft nicht". 2Petr. 2,1-2

Der Apostel Paulus beschreibt die Endzeit:
„Denn es wird eine Zeit kommen, da werden sie die gesunde Lehre nicht ertragen, sondern sich selbst nach ihren eigenen Lüsten, Lehrer beschaffen, weil sie empfindliche Ohren haben; und **sie werden ihre Ohren von der Wahrheit abwenden und sich den Legenden zuwenden**". 2.Th 4.34

Er (Der Gesetzlose) wird alle, die verloren gehen, betrügen und zur Ungerechtigkeit verführen;
sie gehen verloren, weil sie sich der Liebe zur Wahrheit verschlossen haben, durch die sie gerettet werden sollten.

Darum schickt ihnen Gott eine Macht, die sie irreführt, so dass sie die Lüge glauben. Denn alle sollen gerichtet werden, die nicht der Wahrheit geglaubt, sondern der Ungerechtigkeit gedient haben". 2.Th.2.10-12.

La Salette, 1846, die Gottesmutter sagt: **Rom wird den Glauben verlieren und zum Sitz des Antichristen werden.**

Fatima, 1917, die Weihe Russlands: Die Gottesmutter sprach zu den Kindern in Fatima am **13.7.1917: „Ihr habt die Hölle gesehen, auf welche die armen Sünder zugehen. Um sie zu retten, will der HERR die Andacht zu meinem Unbefleckten Herzen in der Welt einführen. Wenn man tut, was ich euch sage, werden viele Seelen gerettet und der Friede wird kommen. Der Krieg geht seinem Ende entgegen; aber wenn man nicht aufhört den HERRN zu beleidigen, wird nicht lange Zeit vergehen, bis ein neuer, noch schlimmerer, beginnt**; es wird das während des Pontifikates Pius XI., geschehen. Wenn ihr dann eines Nachts ein unbekanntes Licht sehen werdet, so wisset, es ist das Zeichen von GOTT, dass die Bestrafung der Welt für ihre vielen Verbrechen nahe ist: Krieg, Hungersnot und Verfolgung der Kirche und des Heiligen Vaters.
Um das zu verhindern, will ich (kommen und) bitten, Russland meinem Unbefleckten Herzen zu weihen und die Sühnekommunion, am ersten Samstag des Monats, einzuführen.
Wenn man meine Bitte erfüllt, wird Russland sich bekehren und es wird Friede sein. Wenn nicht wird es (Russland) seine Irrtümer in der Welt verbreiten, Krieg und Verfolgungen der Kirche hervorrufen; die Guten werden gemartert werden, der Heilige Vater wird viel zu leiden haben; mehrere Nationen werden vernichtet werden.
Am Ende wird mein Unbeflecktes Herz triumphieren, der Heilige Vater wird mir Russland, das sich bekehren wird,

weihen und der Welt wird einige Zeit des Friedens geschenkt werden".
Auszug aus: "Maria spricht zur Welt" von Prof. Dr. L. Gonzaga da Fonseca, 1963, Seite 45

Am **13.6.1929, 10 Jahre vor dem 2.** **Weltkrieg**, schreibt Schwester Lucia in Tuy: „Unsere Liebe Frau hat gesagt, Seite 196:

„Es ist der Zeitpunkt gekommen, in dem nach dem Wunsch des HERRN, der Heiligen Vater in Vereinigung mit allen Bischöfen der Welt, die Weihe Russlands an mein Unbeflecktes Herz vornehmen sollte; dafür verspricht er, es durch dieses Mittel zu retten".
Unbegreiflich, die Bitte des HERRN, überbracht von der Gottesmutter, der Königin des Himmels und der Kirche, wurde von Papst Pius XI. 1922 bis 1939, nicht beachtet. .

Der 2. Weltkrieg war eine Strafe Gottes, die uns mehrfach angedroht wurde. Papst Pius XI., hätte den Krieg verhindern können, wenn er die Bitte des HERRN, erfüllt hätte. Gleichzeitig wäre die Bekehrung Russlands eingetreten. Die Geschichte hätte einen anderen Verlauf genommen. Das häretische Konzil wäre uns vermutlich erspart worden. **Es war die Zeit, in der Satan besondere Macht über jene hatte, die sich seinem Dienst unterstellt hatten.**

Was kann man zu der Weihe Russlands, durch Franziskus, vom 25.3.2022, sagen? Prüfen wir genau die Worte der Gottesmutter. Sie sagte:
„Am Ende wird mein Unbeflecktes Herz triumphieren und der Heilige Vater wird mir Russland weihen".

Sie sprach von zwei Ereignissen, die am „Ende" eintreffen werden.

1. **Ereignis:** Am Ende wird mein Unbeflecktes Herz triumphieren.
2. **Ereignis:** Der Heilige Vater wird mir Russland weihen.

Nach dieser Aussage,, der Gottesmutter kommt zuerst der Triumph des Unbefleckten Herzens und erst danach die Weihe Russlands.
Welchen Grund zur Freude gab es in den letzten 100 Jahren, für die Gottesmutter?
Rom hat den Glauben verloren, die Diener Satans haben das Messopfer verboten, den Krönungseid der Päpste und den Katechismus unterschlagen und die Bischofsweihe geändert.
Das ist kein Grund zur Freude. Die Gottesmutter wünschte die Weihe Russlands vom **Heiligen Vater** in Vereinigung mit allen **Bischöfen** der Welt. Am 25.3.2022 versammelten sich in Rom die Diener Satans, die mit dem göttlichen Bannfluch belegt sind. **Die Weihe Russlands, war so nicht möglich.**
Der Triumpf des Unbefleckten Herzens wird kommt. Wir können uns auf Ihr Wort verlassen. Die Befreiung der Kirche von den Dienern Satans; die Rückkehr zur tridentinischen Ordnung wären, ein Triumpf und eine Freude, für die Gottesmutter. Gehen wir, von den Zuschauerplätzen, in die Arena und kämpfen wir da, gegen die Dämonen und für die Wahrheit. Wir müssen es wenigstens versuchen.

1917, Warnung auf dem Petersplatz: Der heilige Maximilian Kolbe war Augenzeuge der Zweihundertjahrfeier der Freimaurer in Rom. Die Freimaurer sangen die Satans-Hymne und schwangen eine Satans-Standarte mit der Aufschrift: **„Satan muss im Vatikan regieren, der Papst wird sein Sklave sein"**.
Pater Maximilian Kolbe war Franziskaner, Verleger und Publizist und wurde am 14.8. 1941 im Hungerturm in Auschwitz ermordet. Er opferte sein Leben für einen Mitgefangenen, der Frau und zwei Kinder hatte.

Niemand kann behaupten, der HERR habe sich nicht um die Menschen gekümmert. Warnungen, gab es genug.

**Wer aus ganzem Herzen,
Jesus Christus als seinen HERRN und ERLÖSER bekennt,
wird Seine Kirche und Lehren immer verteidigen.
Die Diener Satans, verbieten Sein Erlösungswerk, das
heilige Messopfer.**

10. Luzifer über sich und über die Hölle

Luzifer war in seinen Werken sehr erfolgreich und ist es auch heute mehr denn je. Katharina Emmerich sagte, wenn die Dämonen stofflich wären, würde auf der Erde nichts wachsen, weil die Sonne die Erde nicht bescheinen könnte. Wer an dieser Tatsache zweifelt, kann im Internet ansehen: „**Anneliese Michel und die Aussagen der Dämonen"**. Die folgenden Erklärungen sind auf Tonbändern zu hören. Hier ein Auszug:

1) "Ich bin verdammt, weil ich Gott nicht dienen wollte und wollte selber Herrscher sein, obwohl ich ein Geschöpf war."

2) "Ich war im Himmel, und zwar über dem Rang dessen, der auf dem Tische steht. (= Bild des Erzengels Michael.) Exorzist: "Du könntest bei den Cherubin sein!" Antwort: "Ja, da war ich auch."

3) "Ich bin der Oberste von da unten; der Michael hat mich gestürzt. Jetzt kann ich ihm nichts mehr anhaben. Mir gehört die ganze Hölle."

4) "Ich will mir die Erde erobern. Zuerst mache ich noch reiche Beute. Ich fülle mein Reich. Ich hole, wen ich holen kann, da dürft ihr euch darauf verlassen".

5) "Ich bin der Vater der Lüge."

6) "Ich höre nie zu kämpfen auf. Auf der Welt gefällt es uns viel besser. Ich kämpfe genauso um jede Seele wie der da (= Jesus)."

7) "Wisst ihr, warum ich so kämpfe? Weil ich wegen der Menschen schlechthin gestürzt wurde."

8) *"Wisst ihr, wer heute auf der Welt regiert? Nicht der, der sich auf der Welt geopfert hat! Das bin ich! Den ... (= Nazarener) haben die meisten verlassen. So blöd! Das ist eine kleine Herde, die ihm treu geblieben ist."*

9) *"Ich halte nie, was ich verspreche."*

10) **"Ich bringe euch schon noch durcheinander; ich bin der Diabolus".**

11) *"Ich muss noch mehr aussagen. Wenn die ... (= Gottesmutter) mich nicht so zwingen würde! Das Weib hat mir den Kopf zertreten."*

12) *"Ich sage die Wahrheit, wenn die ... mich zwingt."*

13) **"Den Judas habe ich mir geholt. Er steht immer in meinem Dienst. Er ist verdammt. Er hätte sich nämlich retten können. Er ist dem nicht gefolgt, dem Nazarener."**

14) *"Der Nazarener verzeiht immer. Die (Jungfrau Maria) hat es ihm oft genug gesagt, dass er sich bessern soll."*

15) *Frage des Exorzisten: "Würde er es wieder tun?" Antwort: "Nein, niemals!"*

16) **"Der Judas hat viele Nachfolger."**

17) *"Bei uns gibt's keine Ruhe in alle Ewigkeit; Ruhe gibt's da, oben (= im Himmel)."*

18) *"Wisst ihr, wie es da unten brennt?"*

19) *"Bei uns ist kein Gehorsam; das gibt's nur da oben."*

20) "Bei uns gibt es kein zurück, nie in alle Ewigkeit. Von uns kann keiner zurück. Es gibt keine Liebe; bei uns gibt es nur Hass. Wir haben nie Ruhe; wir bekämpfen uns gegenseitig. Wir wollen auch da hinauf."

*21) **"Die Feinde der Kirche gehören uns."***

22) "Der Stolz führt die Menschen ins Verderben."

*23) "Wenn die Welt untergegangen ist, werden wir weitermachen. Dann wird es noch schlimmer werden. Wenn ihr eine Ahnung hättet, wie es da unten aussieht. Die Seherkinder von Fatima haben es gesehen. Wenn ihr eine Ahnung hättet, wie es bei uns zugeht. Ihr würdet Tag und Nacht vor dem ... (Tabernakel) knien. **Ich muss es sagen, weil die Hohe Dame mich zwingt.***

Erschütternd ist die Gleichgültigkeit, mit der dieser Berichte, von den Menschen aufgenommen werden. Die Leugner der Hölle sind sehr erfolgreich. Die Kinder von Fatima haben viele Mitren, in der Hölle, gesehen.

**Wer aus ganzem Herzen,
Jesus Christus als seinen HERRN und ERLÖSER bekennt,
wird Seine Kirche und Lehren immer verteidigen.
Die Diener Satans, verbieten Sein Erlösungswerk, das
heilige Messopfer.**

11. Die Aktionen Satans

Satan bekam 1884, für 75-100 Jahre Macht und Zeit, die Kirche des HERRN zu zerstören. Die Kirche war keinesfalls wehrlos. **Wir nennen die Feinde der Kirche, Diener Satans, weil sie seine Befehle ausführen**. Zunächst wurden vielfältige Vorbereitungen getroffen. Einige sind bekannt geworden:

Die Anweisungen an die Loge der Carabonari..

Ecrasez l'infâme, lautete der Befehl Voltaire, an seine Freimaurer-Brüder, vernichtet die Niederträchtige, gemeint ist die Katholische Kirche. Angenommen wurde dieser Befehl, von der Loge der Carabonari, einer italienischen Geheimgesellschaft mit Verbindung zur Freimaurerei. Hier wurde der geheime Plan entworfen, den sie „Alta Vendita" nannten. Ein freimaurerischer Plan, für den Umsturz der katholischen Kirche.

Das von dieser Loge verfasste Geheimdokument gelangte seinerzeit in die Hände von Papst Gregor XVI. und wurde auf sein Verlangen veröffentlicht. Ebenso die nachfolgenden Päpste ordneten die Veröffentlichung der „Alta Vendita" an. Papst Pius IX. bestätigte am 25. Februar 1861 die Echtheit dieser Dokumente. Die in diesen Dokumenten dargelegte Strategie beschreibt einen Prozess, der Jahrzehnte zur vollständigen Verwirklichung brauchen werde - „*In unseren Reihen stirbt der Soldat, aber der Kampf geht weiter*".

Auszug: „Unser letztes Ziel ist jenes von Voltaire und der französischen Revolution: Die vollkommene Vernichtung des Katholizismus und selbst der christlichen Idee...
Der Papst, welcher es auch sei, wird nie zu den Geheimgesellschaften kommen;

es ist Sache der Geheimgesellschaften, den ersten Schritt auf die Kirche hin zu tun mit dem Ziel, sie beide zu besiegen.

Die Arbeit, an die wir uns machen wollen, ist nicht das Werk eines Tages, noch eines Monats, noch eines Jahres; sie kann mehrere Jahre dauern, vielleicht ein Jahrhundert; aber in unseren Reihen fällt der Soldat und der Kampf geht weiter. Wir haben nicht vor, die Päpste für unsere Sache zu gewinnen, sie zu Neueingeweihten unserer Prinzipien und Verbreitern unserer Ideen zu machen. Das wäre ein lächerlicher Traum, und welchen Lauf auch die Ereignisse nehmen mögen – falls z.B. Kardinäle oder Prälaten mit voller Absicht oder durch Zufall hinter einen Teil unserer Geheimnisse kommen sollten, so ist das absolut kein Grund, um ihre Erhebung auf den Stuhl Petri zu wünschen. Eine solche Erhebung wäre unser Verderben. **Einzig der Ehrgeiz hätte sie zur Apostasie geführt;** *die Notwendigkeiten der Macht zwängen sie, uns zu opfern.*

Was wir verlangen, was wir suchen und erwarten müssen, wie die Juden den Messias erwarten, ist ein Papst nach unseren Bedürfnissen... Damit rücken wir sicherer zum Angriff auf die Kirche vor als mit den Schmähschriften unserer französischen Brüder oder selbst mit dem Gold Englands. Wollen sie den Grund dafür wissen? Wenn wir dies bekommen, brauchen wir, um den Felsen zu sprengen, auf dem Gott Seine Kirche gebaut hat, weder den Essig Hannibals noch Schießpulver, nicht einmal mehr unsere Waffen. **Wir haben den kleinen Finger des Nachfolgers Petri in unserem Komplott, und dieser kleine Finger wiegt für diesen Kreuzzug ebenso viel wie alle Urban II. und alle heiligen Bernharde der Christenheit.**
Wir zweifeln nicht daran, dieses höchste Ziel unserer Anstrengungen zu erreichen. Aber wann? Und wie? Diese

Unbekannte tritt noch nicht hervor. Nichtsdestoweniger wollen wir, da nichts uns von dem vorgezeichneten Plan abbringen darf, sondern im Gegenteil alles dorthin streben muss, so als ob der Erfolg schon morgen das noch kaum skizzierte Werk krönen könnte, in dieser Instruktion, die für die gewöhnlichen Eingeweihten geheim bleiben soll, den Vorgesetzten der obersten Venta (Loge) Ratschläge geben, die sie der Gesamtheit der Brüder in Form einer Unterweisung oder eines Memorandums einprägen sollen... Nun aber handelt es sich, wenn wir uns einen Papst in den erforderlichen Proportionen sichern wollen, zunächst darum, ihm, diesem Papst, eine Generation heranzubilden, die der Herrschaft, die wir erträumen, würdig ist.

Lasst das Alter und die reifen Jahre beiseite, haltet euch an die Jugend und, wenn es möglich ist, sogar an das Kindesalter (...). Ist einmal euer guter Ruf in den Kollegien, Gymnasien, Universitäten und Seminaren fest begründet, habt ihr einmal das Vertrauen der Professoren und Jünglinge gewonnen, so sorget dafür, dass besonders die Kandidaten des geistlichen Standes euren Umgang suchen.

Auf dem Weg, den wir für unsere Brüder abstecken, sind große Hindernisse zu besiegen, Schwierigkeiten von mehr als einer Art zu überwinden. Erfahrung und Scharfsinn werden darüber triumphieren; aber das Ziel ist so schön, dass es alle Segel zu setzen gilt, um es zu erreichen. Ihr wollt Italien revolutionieren? Sucht nach dem Papst, dessen Porträt wir soeben entworfen haben.

Ihr wollt die Herrschaft der Auserwählten auf dem Thron der babylonischen Hure errichten? Sorgt, dass der Klerus unter eurer Fahne marschiert und dabei immer noch glaubt, er marschiere unter dem Banner der Apostolischen Schlüssel.

Ihr wollt die letzte Spur der Tyrannen und Unterdrücker verschwinden lassen? Spannt eure Netze aus wie Simon Bar Jona, spannt sie aus auf dem Boden der Sakristeien, der Seminare und der Klöster statt auf dem Meeresgrund, und wenn ihr nichts überstürzt, versprechen wir euch einen wunderbareren Fischfang als der seine war.

Der Fischer wurde Menschenfischer, **und ihr werdet Freunde um den Apostolischen Stuhl gruppieren.** *Ihr werdet eine Revolution in Tiara und Chorrock in eurem Netz haben, die mit dem Kreuz und der Kirchenfahne marschiert, eine Revolution, die nur ein klein wenig angestachelt zu werden braucht, um die Welt an ihren vier Ecken in Brand zu setzen".*

Rudolf Steiner, (1861-1925) Publizist, Esoteriker, Begründer der Anthroposophie und Freimaurer, erklärte 1910:
„Wir brauchen noch ein Konzil und Einen, der es ausruft".
Woher wusste Rudolf Steiner, dass nach dem nächsten Konzil, die Katholische Kirche, sich im Sinne der Freimaurer, verändern wird? Er kannte die Pläne der Freimaurer, insbesondere den Plan, im Konzil, eine Häresie-Falle für die Kirchenväter, einzubauen. Dieser Plan wurde perfekt ausgeführt.

Hier handelt es sich um Pläne der Freimaurer. Ihre Echtheit ergibt sich aus der Kirchengeschichte. Der Fisch stickt vom Kopf. **„Satan muss im Vatikan regieren",** wir kommen noch darauf zurück. **Es ist ihr erklärtes Ziel, den ersten Schritt in die Kirche zu tun, mit dem Auftrag, sie zu vernichten.** Hierzu gehörten auch die 33 Befehle an die Freimaurer-Bischöfe, um die Vernichtung der Kirche einzuleiten.
Die Katholische Kirche, ihre Lehre, ihr Priestertum und ihre Sakramente, waren Satan immer ein ÄRGERNIS, das er unbedingt vernichten wollte. Hierzu brauchte er ergebene

Erfüllungsgehilfen in der Kirche. Drei Punkte sollten zum Ziel führen.

1. Einführung der Religionsfreiheit..
2. Die Änderung der Bischofsweihe
3. Die Änderung des Missale Romanum

Alle drei Punkte haben die Diener Satans, in der Konzilssekte realisiert. Unter einem rechtmässigen Papst und unter rechtmässigen Bischöfen, wäre das nicht möglich gewesen.

**Wer aus ganzem Herzen,
Jesus Christus als seinen HERRN und ERLÖSER bekennt,
wird Seine Kirche und Lehren immer verteidigen.
Die Diener Satans, verbieten Sein Erlösungswerk, das
heilige Messopfer.**

12. 33 Befehle des Grossmeisters an die Freimaurer-Bischöfe, aus dem Jahr 1962

Veröffentlicht die Pläne der Freimaurer, die der Antichrist in meiner blutenden Kirche errichten will" 22.2.1996, der Herr zu Debora Marasco.

Befehl Nr. 1: Entfernt St. Michael, den Beschützer der katholischen Kirche aus allen Gebeten innerhalb und außerhalb der hl. Messe, ein für alle Mal. Entfernt seine Statuen. Sagt, es lenkt von Christus ab.

Befehl Nr. 2: Schafft die Bußübungen in der Fastenzeit ab, wie den Verzicht auf Fleisch am Freitag oder das Fasten. Verhindert jede Art der Selbstverleugnung. An deren Stelle sollen Akte der Freude, des Glückes und der Nächstenliebe treten. Sagt: Christus hat schon den Himmel für uns verdient und, dass alle menschlichen Anstrengungen nutzlos sind. Sagt: sie sollen die Sorge um ihre Gesundheit ernst nehmen. Ermutigt den Verzehr von Fleisch, besonders Schweinefleisch.

Befehl Nr. 3: Weist protestantische Pastoren an, die hl. Messe zu überprüfen und zu entsakralisieren. Sät Zweifel an der Realpräsenz (der Eucharistie) und bekräftigt, dass die Eucharistie -näher am Glauben der Protestanten- nur Brot und Wein und nur symbolisch gemeint ist. Setzt Protestanten in Seminaren und Schulen ein. Ermutigt Ökumene als den Weg zur Einheit. Klagt jeden an, der an die Realpräsenz glaubt, als subversiv, und ungehorsam gegen die Kirche.

Befehl Nr. 4: Verbietet die lateinische Messliturgie mit Anbetung und Liedern, denn sie vermitteln ein Gefühl des

Geheimnisses und der Ehrfurcht. Stellt das hin als „Hokus-Pokus", von Wahrsagern. Die Menschen werden aufhören, die Priester als Menschen von überragender Intelligenz und als geheimnisvolle Respektpersonen zu betrachten.

Befehl Nr. 5: Ermutigt die Frauen, in der Kirche keine Hüte zu tragen. Haare sind sexy. Fordert Frauen als Vorbeter und Priester. Stellt es als demokratische Idee heraus. Gründet eine Frauenfreiheitsbewegung. Die Kirchgänger sollen saloppe Kleidung tragen, damit sie sich dazugehörig fühlen. Das wird die Bedeutung der hl. Messe herabsetzen.

Befehl Nr. 6: Haltet die Kommunionempfänger davon ab, kniend die Hostie zu empfangen. Sagt den Nonnen, dass sie die Kinder davon abhalten sollen, vor und nach dem Kommunionempfang die Hände zu falten. Sagt ihnen, dass Gott sie so liebt wie sie sind und wünscht, dass sie sich vollkommen entspannt fühlen. Schafft alles Knien und jede Kniebeuge in der Kirche ab. Entfernt die Kniebänke. Sagt den Menschen, dass sie während der Messe stehend ein Zeugnis ablegen sollen.

Befehlt Nr. 7: Hört auf mit der sakralen Orgelmusik. Bringt Gitarren, jüdische Harfe, Trommeln und mit den Füssen stampfen und heiliges Gelächter in die Kirche. Das wird die Menschen von persönlichen Gebeten und Gesprächen mit Jesus abhalten. Gebt Jesus keine Zeit, Kinder zu religiösen Leben zu berufen. Führt liturgische Tänze in aufreizender Kleidung, Spiel und Konzerte am Altar auf.

Befehl Nr. 8: Nehmt den Liedern zur Muttergottes und zum hl. Josef den sakralen Charakter. Bezeichnet ihre Verehrung als Götzendienst. Macht diejenigen, die darauf beharren lächerlich.

Führt protestantische Lieder ein. Das wird den Anschein erwecken, dass die katholische Kirche endlich zugibt, dass Protestantismus die wahre Religion ist oder wenigstens der kath. Kirche gleich ist.

Befehl Nr. 9: Schafft alle Hymnen ab, auch die zu Jesus, denn sie erinnern die Menschen an ihre glückliche Kindheit, die sie dann wiederum an den Frieden erinnert, dessen Wurzel das strenge Leben der Selbstverleugnung und Busse für Gott war. Bringt nur neue Lieder hinein, um die Menschen zu überzeugen, dass die früheren Riten irgendwie falsch waren. Vergewissert euch, dass in jeder hl. Messe wenigstens ein Lied ist, das Jesus nicht erwähnt, sondern nur über die Liebe zu den Menschen spricht. Die Jugend wird davon begeistert sein, über die Liebe zum Nächsten zu hören. Predigt über Liebe, über Toleranz und Einheit. Erwähnt Jesus nicht. Verbietet jede Verkündigung über die Eucharistie.

Befehl Nr. 10: Entfernt alle Heiligenreliquien von den Altären und dann, entfernt den Altar selbst. Ersetzt sie durch heidnische, ungeweihte Tische, die gebraucht werden können, um lebende Opfer, bei Satansmessen darzubringen. Hebt das Kirchengesetz auf, das besagt, hl. Messen können nur an Altären gelesen werden, die Reliquien enthalten.

Befehl Nr. 11: Hört auf mit der Praxis, die hl. Messe vor dem hl. Sakrament im Tabernakel zu feiern. Erlaubt keine Tabernakel auf den Tischen, die zur hl. Messe benutzt werden. Der Tisch soll wie ein Esstisch aussehen. Er soll transportabel sein um anzudeuten, dass er nichts Heiliges ist, sondern einem doppelten Zweck dienen kann für irgendetwas, z.B. Konferenztisch oder zum Karten spielen. Später stellt wenigsten einen Stuhl an diesen Tisch. Der Priester soll darauf sitzen, um nach der Kommunion anzudeuten, dass er nach seinem Mahl ausruhe. Der Priester soll sich bei der hl. Messe niemals knien oder eine Kniebeuge machen. Man kniet nicht bei den Mahlzeiten. Der Stuhl soll statt des Tabernakels stehen. Ermutigt die Leute, den Priester zu verehren und nicht die Eucharistie und ihm zu gehorchen, statt der Eucharistie. Sagt ihnen, der Priester ist Christus, ihr Haupt. Setzt den Tabernakel in einen anderen Raum, außer Sichtweite.

Befehl Nr. 12: Lasst die Heiligen vom Kirchenkalender verschwinden. immer einige zur gewissen Zeit. Verbietet den Priestern über Heilige zu predigen, es sei denn, sie sind im Evangelium genannt. Sagt ihnen, die Protestanten, die vielleicht in der Kirche sind, würden Anstoss daran nehmen. Vermeidet alles, was die Protestanten stört.

Befehl Nr. 13: Beim Lesen des Evangeliums lasst die Worte „heilig" aus. Z. B., Evangelium nach dem hl. Joannes. Sagt einfach nur: Evangelium nach Johannes. Dieses wird den Leuten andeuten, dass sie die Evangelien nicht mehr verehren sollen. Schreibt laufend neue Bibeln bis sie identisch sind, mit den protestantischen Bibeln. Lass das Wort „Heilig" beim Heiligen Geist weg. Dieses wird den Weg öffnen. Betont die feminine Natur Gottes, als eine liebende Mutter. Erlaubt nicht den Gebrauch des Wortes VATER.

Befehl Nr. 14: Lasst alle persönlichen Gebetsbücher verschwinden und zerstört sie. Dann werden auch die Litaneien zum hl. Herzen Jesu, zur Muttergottes und zum hl. Josef wegfallen und auch die Vorbereitung auf die hl. Kommunion.

Auch die Danksagung nach der Kommunion wird dann überflüssig sein.

Befehl Nr. 15: Lasst auch alle Statuen und Bilder von Engeln verschwinden. Warum sollen Statuen unserer Feinde herumstehen? Nennt es Mythen oder „Gute-Nacht-Geschichten" Erlaubt nicht, über die Engel zu sprechen, denn es wird unsere protestantischen Mitglieder ausstoßen.

Befehl Nr. 16: Schafft den kleinen Exorzismus für Teufelsaustreibungen ab; arbeitet hart daran. Verkündet, dass es keinen Teufel gibt. Sagt, dass es die Art und Weise der Bibel ist, so das Böse zu bezeichnen, und es kann keine guten Geschichten geben, ohne einen Bösewicht. Dann werden sie auch nicht an die Hölle glauben und werden sich niemals fürchten, dorthin zu kommen. Sagt, dass die Hölle nicht mehr ist, als von Gott entfernt zu sein; und was ist so schlimm daran, da es doch sowieso das gleiche Leben ist, wie hier auf Erden.

Befehl Nr. 17: Lehrt, dass Jesus nur ein Mensch war, der Brüder und Schwestern hatte, und dass er das Establishment gehasst hat. Sagt, dass er die Gesellschaft von Prostituierten liebte, bes. Maria Magdalena. Sagt, dass er keine Verwendung für Kirchen und Synagogen hatte. Sagt, dass er den Rat gab, Kirchenführer nicht zu gehorchen. Sagt, dass er ein großer Lehrer war, der aber auf Irrwege kam, als er den Kirchenlehrern ungehorsam wurde. Entmutigt das Gespräch über das Kreuz als Sieg, sondern beschreibt es als eine Niederlage.

Befehl Nr. 18: Erinnert euch daran, dass ihr Nonnen zur Aufgabe ihrer Berufung bringen könnt, wenn ihr euch an ihre Eitelkeit, ihrem Charme und ihre Schönheit wendet. Lasst sie ihre Habite ändern, das wird sie automatisch dazu bringen, ihre Rosenkränze wegzuwerfen. Zeigt der Welt, dass es Meinungsverschiedenheiten in ihren Klöstern gibt. Das wird ihre Berufung austrocknen. Sagt den Nonnen, dass sie nicht akzeptiert werden, wenn sie nicht auf ihren Habit verzichten. Bringt das Tragen des Habits auch bei den Menschen in Misskredit.

Befehl Nr.19: Verbrennt alle Katechismen. Sagt den Religionslehrern, dass sie lehren sollen, Gottes Menschen zu lieben, anstatt Gott zu lieben. Lasst das Wort „Sex" ein alltägliches Wort in den Religionsklassen werden. Macht eine neue Religion aus dem „Sex". Führt Sexbilder in den Religionsunterricht ein, um die Kinder die Fakten zu lehren. Vergewissert euch, dass die Bilder deutlich sind. Ermutigt die Schulen fortschrittliche Denker in der Sexerziehung zu sein. Führt die Sex-Erziehung durch die bischöflichen Behörden ein, so werden die Eltern nichts dagegen haben.

Befehl Nr. 20: Schließt alle katholischen Schulen, indem ihr die Schwesternberufungen vermindert. Sagt den Schwestern, dass sie unterbezahlte Sozialarbeiter sind, und die Kirche dabei sind, sie abzuschaffen. Besteht darauf, dass die katholischen Laienlehrer das gleiche Gehalt bekommen, wie in den Regierungsschulen. Beschäftigt „Nicht-Katholische-Lehrer". Priester müssen das gleiche Gehalt bekommen, wie entsprechend weltliche Beamte. Alle Priester müssen ihre priesterliche Kleidung und ihre Kreuze ablegen, so dass sie von allen angenommen werden können. Macht diejenigen lächerlich, die sich nicht daranhalten.

Befehl Nr. 21: Vernichtet den Papst, indem ihr seine Universitäten zerstört. Trennt die Universitäten vom Papst, indem ihr sagt, die Regierung würde sie dann unterstützen. Ändert die Namen der religiösen Institute in profane, z. B. „Immaculata-Conceptio-Schule". In „Invala-Hochschule". Nennt das ökumenisch. Errichtet ökumenische Abteilungen in allen Diözesen. Sorgt für deren protestantische Kontrollen. Erlaubt kein Gebet für den Papst oder zu Maria, da sie die Ökumene entmutigen. Verkündet, dass die Ortsbischöfe die zuständigen Autoritäten sind. Sagt, dass der Papst nur eine Repräsentations-Figur ist. Sagt den Menschen, das Lehren des Papstes diene nur der Unterhaltung, habe aber sonst keine Bedeutung.

Befehl Nr. 22: Greift die Autorität des Papstes an, indem ihr eine Altersgrenze seines Amtes setzt. Setzt sie allmählich herab. Sagt, dass ihr ihn vor Überarbeitung bewahren wollt.

Befehl Nr. 23: Seid kühn, schwächt den Papst, indem ihr Bischofssynoden einrichtet. Der Papst wird dann nur eine Repräsentationsfigur sein, wie in England, wo das Ober-und Unterhaus regieren und die Königin von dort ihre Befehle bekommt. Dann schwächt die Autorität des Bischofs, in dem ihr eine Gegeninstitution auf Priesterebene errichtet. Sagt, die Priester bekommen so die Anerkennung, die sie verdienen. Dann schwächt die Autorität der Priester, durch Aufstellen von Laiengruppen, die den Priester beherrschen. Es wird so viel Hass dadurch entwickelt, dass sogar Kardinäle die Kirche verlassen, so dass die Kirche nun demokratisch ist.

Befehl Nr. 24: Reduziert die Berufungen zum Priester dadurch, dass die Laien die Ehrfurcht vor ihnen verlieren. Ein Skandal eines Priesters in der Öffentlichkeit, wird tausende Berufungen vernichten. Lobt abgefallene Priester, die wegen einer Liebe zur Frau alles aufgegeben haben. Nennt sie heroisch, heldenhaft. Ehrt die laisierten Priester als wahre Märtyrer, die so unterdrückt wurden, dass sie es nicht länger ertragen konnten. Verurteilt es auch als einen Skandal, dass unsere Freimaurerbrüder in ihrem Priesteramt veröffentlicht werden sollen. Seid tolerant gegen Homosexualität bei Priestern. Sagt den Menschen, dass sie einsam sind.

Befehl Nr. 25: Beginnt damit, Kirchen wegen Priestermangel zu schließen. Nennt es wirtschaftliche und gute Geschäftspraxis. Sagt, dass Gott überall Gebete erhört. So sind Kirchen extravagante Geldverschwendung. Schliesst zuerst die Kirchen, in denen altmodische Traditionen praktiziert werden.

Befehl Nr. 26: Nutzt die Laienkommissionen und Priester, die schwach im Glauben sind, die schnell jede Marienerscheinung und jedes angebliche Wunder, bes. vom hl. Michael, dem Erzengel, verdammen und verurteilen. **Seid absolut sicher, dass nichts hiervon was auch immer, die Anerkennung nach Vaticanum II bekommt. Nennt es ungehorsam gegenüber der Autorität, wenn irgendeiner den Botschaften folgt oder sogar darüber nachdenkt.** Bezeichnet die Seher als ungehorsam gegenüber der kirchlichen Autorität. Bringt ihren guten Namen in Verruf, dann wir es keinem einfallen, ihre Botschaften zu verbreiten.

Befehl Nr. 27: Wählt einen Antipapst. Sagt, dass er die Protestanten in die Kirche zurückbringt und vielleicht sogar die Juden. Ein Antipapst kann gewählt werden, wenn man den

Bischöfen das Wahlrecht gibt. Sagt, dass der richtige Papst gestorben sei.

Befehl Nr. 28: Beseitigt die Beichte vor der hl. Kommunion für den 2. und 3. Jahrgang der Kinder, sodass sie sich nichts aus der Beichte machen, wenn sie in die 4. und 5. Klasse und dann in die höheren Klassen gehen. Die Beichte wird dann verschwinden. Führt Gruppenbeichte ein, mit Gruppenabsolution. Sagt den Leuten, dass es aus Priestermangel geschieht.

Befehl Nr. 29: Lasst Frauen und Laien die Kommunion austeilen. Sagt, dass dies die Zeit der Laien ist. Beginnt damit, die Kommunion in die Hand zu geben, wie die Protestanten, anstatt auf die Zunge. Sagt, dass Christus es in gleicher Weise getan hat. Sammelt einige Hostien für die „schwarze Messen„. Bringt Kommunionautomaten an und nennt sie Tabernakel. Sagt, dass das des Friedens gegeben werden muss. Ermutigt die Leute umher zu gehen, um die Andacht und das Gebet zu unterbrechen. Macht keine Kreuzzeichen, stattdessen aber ein Friedenszeichen. Sagt, dass Christus auch hinausging, um seine Jünger zu grüßen. Erlaubt keine Andacht in dieser Zeit. Priester sollen den Rücken zur Eucharistie kehren und dem Volk die Ehre geben.

Befehl Nr. 30: Nachdem der Antipapst gewählt worden ist, löst die Bischofsynoden auf und auch die Priestervereinigungen und die Pfarrgremien. Verbietet allen Geistlichen neue Richtlinien ohne Erlaubnis in Frage zu stellen. Sagt, dass Gott die Demut liebt und diejenigen hasst, die nach Ehre suchen. Beschuldigt alle, die Fragen stellen, des Ungehorsams gegenüber der kirchlichen Autorität. Entmutigt den Gehorsam gegen Gott. Sagt den Menschen, dass sie den Kirchenführern gehorchen müssen.

Befehl Nr. 31: Gebt dem Papst (Antipapst) die höchste Macht um seine Nachfolger auszuwählen. Befehlt unter Strafe der Exkommunikation allen die Gott lieben, das Zeichen des Tieres zu tragen. Nennt es nicht „Zeichen des Tieres". Das Kreuzzeichen soll nicht mehr gemacht oder benutzt werden, über oder durch Menschen. Es soll nicht mehr gesegnet werden. Das Kreuzzeichen zu machen wird dann als Götzendienst und Ungehorsam bezeichnet.

Befehl Nr. 32: Erklärt die früheren Dogmen für falsch, außer dem Dogma der Unfehlbarkeit des Papstes. Sagt auch, dass Jesus Christus ein Revolutionär war, der es nicht geschafft hat. Sagt, dass der wahre Christus bald kommen wird. Anti-Papst muss gehorcht werden. Sagt den Menschen, dass sie sich niederbeugen müssen, wenn sein Name genannt wird.

Befehl Nr. 33: Befehlt allen Untergebenen des Anti-Papstes in „Hl. Kreuzzügen" zu kämpfen, um die eine „Weltreligion" zu verbreiten. Satan weiß, wo alles verlorene Gold ist. Erobert erbarmungslos die Welt! Das wird der Menschheit bringen, wonach sie sich immer gesehnt hat: Die goldene Zeit des Friedens. Ende des freimaurerischen Edikts gegen die Katholische Kirche. Im März 1962. (/Google)

Die Herkunft dieser Befehle ist unklar, der Name des Grossmeisters unbekannt. Diese Befehle, aus dem Jahr 1962, wurden alle vor unseren Augen ausgeführt. **Sie bezeugen die Macht, die Satan über jene hat, die sich seinem Dienst unterwerfen. Erschreckend, alle haben da mitgemacht und**

den HERRN verraten. Diese Liste wurde in den 80iger Jahren überall herumgereicht. Der Volksaltar wurde in allen Kirchen eingeführt. Das Gebet, „ **zum Altare Gottes will ich treten, zu Gott, der mich erfreut von Jugend auf"**, hatte seinen Sinn verloren. Der Priester geht nur zu einer Gedächtnisfeier.

Als zuverlässige, treue Diener Satans haben Päpste, Bischöfe und Priester, diese Befehle ausgeführt. 1969 wurde das Erlösungswerk des HERR, das hl. Messopfer, verboten. Das war das Ende der Katholischen Kirche. Es entstand die Konzilssekte in Rom.

Die Konzilssekte in Rom feiert seit Juni 1969, die Novus Ordo Missae, eine Gedächtnisfeier, ausgearbeitet vom Freimaurer Erzbischof Annibale Bugini. Die Ausführung der 33 Aufträge des Grossmeisters, beweist die Zusammenarbeit, der Bischöfe und Priester, mit den Freimaurern.
In seiner Bulle vom 28.4.1734 verdammte Papst Clemens XII. die Freimaurerei. In seiner Exhortatio (Ermahnung) warnte er vor jeglichem Kontakt, ihnen zu helfen oder sie zu beliefern und auch nicht geheim oder indirekt, mit diesen Gruppen zu kooperieren. **Unter Androhung eines strengen Bannes (Kirchenausschluss) verbietet Clemens allen Christen den Umgang, bei Zuwiderhandlung könne keine Absolution erteilt werden. Diese Bulle ist bis heute gültig. Alle Päpste, Bischöfe, Priester und Gläubige, die mit den Freimaurern Kontakt hatten oder haben, sind von der waren Kirche ausgeschlossen.**
Unbeachtete Dogmen und päpstliche Bullen, behalten immer ihre Rechtskraft.

Wer aus ganzem Herzen,
Jesus Christus als seinen HERRN und ERLÖSER bekennt,
wird Seine Kirche und Lehren immer verteidigen.
Die Diener Satans, verbieten Sein Erlösungswerk, das
heilige Messopfer

13. Die Angriffe Satans auf die Kirche. Der Zeitplan ist beachtlich

Angriff 1, 74 Jahre nach der Machtübergabe

Am 28. Oktober 1958 wurde Kardinal Angelo Guiseppe Roncalli, zum 261. Papst der römisch-katholischen Kirche gewählt. Er nannte sich JOHANNES XXIII.

Durch den Höchstgradfreimaurer, Gioele Magaldi, erfuhr man 2014, Näheres über Roncallis Tätigkeit in Paris, wo er als Nuntius tätig war. Zusammen mit 5 weiteren Höchstgrad-Freimaurer, schrieb Magaldi das Buch „**La scoperta delle Ur-Lodges**". in dem er berichtet, dass Kardinal Roncalli in zwei Logen, in Paris, eingeweiht (vereidigt) war.

Johannes Rothkranz, hat das Buch von Magaldi übersetzt und unter dem Titel „**Superlogen regieren die Welt**" in 8 Teilen, 1916, veröffentlicht.

Hier erfahren wir: „Die Ur-Logen planten in Amerika einen katholischen Nichtfreimaurer im Präsidentenamt zu unterstützen, im Gegenzug sollte ein Hochgradfreimaurer das Amt des Papstes übernehmen"

Gewählt wurden nach Plan, im Vatikan 1958, Angelo Guiseppe Roncalli und 1961 in Amerika John F. Kennedy.

„**Er (Magaldi) bejubelte zum Beispiel das II. Vatikanische Konzil, als die Erfüllung (beinahe) aller freimaurerischen Wünsche. Kein Wunder, meinte er selbst, denn es wurde ja von dem, in zwei verschiedenen Ur-Logen, eingeweihten Höchstgradfreimaurer, Angelo Roncalli alias Papst Johannes XXIII. vorbereitet und einberufen**".

Diese Nachricht, von Gioele Magaldi, dass Johannes XXIII. als Höchstgradfreimaurer in zwei Ur-Logen eingeweiht war, wurde von der Presse und allen kirchlichen Institutionen verschwiegen. Sie stecken alle unter der freimaurerischen Decke. Kein Bischof hat es gewagt, hierzu Stellung zu nehmen. Das II. Vaticanum wurde von Satan dominiert. Johannes XXIII. hatte nun, als Höchstgradfreimaurer und „Scheinpapst", 5 Jahre Zeit, das Konzil, nach den Wünschen seiner Auftraggeber, vorzubereiten.

Bekanntlich wünschen sich die Freimaurer, wie aus den oben aufgeführten Plänen ersichtlich, die Vernichtung der römisch-katholischen Kirche. Auf einem Konzil kann man die Weichen stellen, um die Vernichtung der Kirche einzuleiten. **Mit einer Frage, wie die der Religionsfreiheit, kann man die Bischöfe in eine Häresie-Falle locken, indem man die Bischöfe, gegen die Lehre der Päpste (Häresie/ Tatstrafe) abstimmen lässt.** Das wäre ein totaler Sieg für die Freimaurer und Satan. Wer katholisch bleiben will, muss der Lehre der Päpste folgen und die Religionsfreiheit, ablehnen. Wer die Religionsfreiheit annimmt oder lehrt, ist ein Häretiker und steht außerhalb der Kirche. Canon 1364 § 1.

Canon 751 des Kirchenrechtes sagt:
„**Häresie** nennt man die nach Empfang der Taufe erfolgte beharrliche Leugnung einer kraft göttlichen und katholischen Glaubens zu glaubenden Wahrheit oder einen beharrlichen Zweifel an einer solchen Glaubenswahrheit;
Apostasie nennt man die Ablehnung des christlichen Glaubens im Ganzen;

Schisma nennt man die Verweigerung der Unterordnung unter den Papst oder der Gemeinschaft mit den diesem untergebenen Gliedern der Kirche".

Kraft ihrer Unfehlbarkeit im Lehramt, wurde die Religionsfreiheit von den folgenden Päpsten als verdammungswürdige Irrlehre verurteilt. Es ist nicht unsere Aufgabe, die Argumente der Päpste zu beurteilen und zu prüfen. Als Gläubige haben wir zu gehorchen.

1. **Pius VI.** (1775-1799) Enzyklika „Quod Aliquantum" vom 10.3.1791
2 **Gregor XVI.** (1803-1846) Enzyklika „Mirari Vos" vom 15.8.1832
3, **Pius IX.** (1846 -1878) Enzyklika „Quanta cura" und „Syllabus Errorum" beide vom 8.12.1864
4.**Leo XIII.** (1878-1903) Enzyklika „ImmortalDie" vom 1.11.1885
5. **Pius** X.(1903-1914) Enzyklika „Pascendi Dominici » vom 8.9.1907

Jeder Katholik muss die Lehre der legitimen Päpste annehmen. Der Katholik soll aber darüber nachdenken, warum die Päpste die Religionsfreiheit ablehnten und verurteilten. Die von Jesus von Nazareth gegründete katholische und apostolische Kirche, ist ausschließlich Seiner göttlichen Lehre verpflichtet. Die „Nachfolger im Glauben" sind die Bischöfe, Priester und Gläubige, solange sie den Glauben unverändert bewahren. **Jede Änderung der Überlieferung, macht sie zu Häretiker.**

Angriff 2, 81 Jahre nach der Machtübergabe

Das Zweite Vatikanische Konzil 1963-1965 und die Häresie-Falle. Im Geiste der Freimaurer, wurde das Konzil als "pastoral" ausgerufen. **Man wollte keine neuen Dogmen schaffen, die alten Dogmen sollten als falsch erklärt werden.** Die Beschlüsse des Konzils, sind unverbindlich, wie der Wetterbericht.

Die Gottesmutter in Bayside, NY, sagte zur Seherin Veronica Lueken, (Google) **„Ich habe euch vor vielen Jahren gewarnt, dass Satan in das Haus Meines Sohnes einbrechen würde, doch ihr habt nicht darauf gehört! Jetzt ist er drin! Die Dunkelheit ist eine Blindheit des Herzens! Ja, ihr könnt in den Zustand gebracht werden, den Irrtum gutzuheißen! Ihr könnt in den Zustand gebracht werden, dass ihr vor Verwirrung die Wahrheit nicht mehr erkennt"** (17.6.1971). So geschah es tatsächlich im Konzil von 1963-1965.

Später fügte sie hinzu: **„Die Verschwörung von Irrtum und Täuschung liegt im Plan Satans, dem Beherrscher der Finsternis, um das Haus Meines Sohnes zu zerstören und um eine einzige Weltunion, eine einzige Kirche Gottes aufzurichten, die gottlos sein wird."** (25.7.1974).

„Satan beherrscht jetzt viele Führungsstellen in Rom". (21.8.1974) Und:

„In Rom, meine Kinder, findet ein großer Machtkampf statt – ein Regierungsapparat wird vom Satan kontrolliert".
(15.5.1976)

Die Gottesmutter spricht von Kardinälen, die direkt mit Paul VI. zusammenarbeiteten:
„Mein Kind es sind Drei, die sich Satan übergeben haben!
Ihr empfangt nicht die Wahrheit in eurem Land und in der Welt!
Euer Stellvertreter ist ein Gefangener (Paul VI.)!
Antonio Cassaroli, du verdammst dich selbst zur Hölle!
Giovannni Benelli, welchen Weg hast du eingeschlagen? Du bist auf dem Weg zur Hölle und Verdammnis!
Jean-Marie Villot, Führer des Bösen, entferne dich von jenen Verrätern; du bist dem ewigen Vater nicht unbekannt; du paktierst mit der Synagoge Satans (Freimaurer) Glaubst du, du musst nicht bezahlen für die Zerstörung von Seelen, im Haus Meines Sohnes?!" (27.9.1975)

Zum Konzil sagte die Gottesmutter in Bayside weiter folgendes:
„Ich wiederhole, Meine Kinder, wie ich euch früher schon gesagt habe, dass das große II. Vatikanische Konzil vom Satan beeinflusst wurde. Er saß dort unter euch und wirkte auf euch, wie in einem Schachspiel." (15.5.1976)

Der Höchstgradfreimaurer Johannes XXIII. hatte die Aufgabe, die Befehle der Loge, für das Konzil, vorzubereiten. Jene, die sich dem Dienste Satans unterworfen hatten, standen hilfreich mit besonderer Macht, an seiner Seite.
Die Religionsfreiheit war, wie schon gesagt, für die Päpste des 19. Jahrhunderts, eine verdammungswürdige Irrlehre. **Daher wurde von den Dienern Satans eine Erklärung vorbereitet, die der geltenden Lehre, der Kirche, widersprechen sollte**

und bei den Bischöfen, wurde kräftig, für diese Idee geworben. **Das war die Häresie-Falle für die Kirchenväter.** Stimmen die Kirchenväter gegen die Lehren der Päpste des 19. Jahrhunderts, verfallen sie automatisch, als Häretiker und Schismatiker, dem Kirchenbann (siehe Canon 1364 § 1)

Am 7. Dezember 1965, am letzten Tag des Konzils, kam es zur Abstimmung über Dignitiatis Humanae (Erklärung über die Religionsfreiheit). Der Teufel hat die Bischöfe geschickt verwirrt. 2.470 Kirchenväter waren im Konzil stimmberechtigt. **2.400 Diener Satans, verdammten die Lehre des Heiligen Geistes und der Kirche, hinsichtlich der Religionsfreiheit.**

Das war eine formelle Häresie. Diabolus und seine Dämonen haben die Führung im Konzil übernommen und den Verstand der Kirchenväter zerrüttet. Kann der HEILIGE GEIST Seine Lehre (Religionsfreiheit) widerrufen?

Die Nachfolger der Apostel, denen der HERR sagte, „lehret alles halten was ich euch geboten habe", revoltieren gegen die Lehre des HEILIGEN GEISTES und der Päpste.

Um zu verstehen, was am 7.12.1965, im Konzil geschah, erinnern wir an die Versprechen, die von den treu- und ehrlosen Bischöfen, abgegeben wurden.

1.Der Krönungseid der Päpste
2. Der Antimodernisten-Eid
3. Die Bischofsweihe

Durch diese Revolution im Konzil, ist ein Schisma entstanden. 2.400 „ungläubige" Bischöfe, Diener Satans, werden augenblicklich durch die Tatstrafe, exkommuniziert. Der Klerus ist vollkommen blind. Der 7.12.1965, ist der Geburtstag der Konzilssekte.

Angriff 3, 84 Jahre nach der Machtübergabe

„Papst Paul VI." Die Ungültigkeit der Bischofsweihe 1968

Wenn man im Konzil, durch die „Häresie-Falle". 2.400 Bischöfe „ausschalten" konnte, so musste man jetzt verhindern, dass neue Bischöfe geweiht werden. Hierzu musste man die Weiheform so verändern, dass die Weihe ungültig ist; diese Tatsache aber, von den Gläubigen, nicht bemerkt wird. Für Satan in leichtes Spiel.

Die alten Weihen waren würdig, verständlich und vor allem, unstrittig, hinsichtlich ihrer Gültigkeit.

Die Forderung, die Bischofsweihe zu ändern, war nicht der Wunsch frommer Kardinäle die hier eine begründete Verbesserung oder eine Vertiefung der Bischofweihe erreichen wollten. **Nein, diese Forderung kam von den Dienern Satans, um das Priestertum zu vernichten.**

Im Vatikan an die Macht gekommen, mussten sie jetzt alle Möglichkeiten erschöpfen, um ihr Ziel zu erreichen. Sie wollten und mussten, die furchtbaren Waffe der Kirche, das Priestertum und das Messopfer, zerstören. Die Theologen mögen über die Frage der Gültigkeit der geänderten Weiheform streiten. **Satan weiß genau, was zu einer ungültigen Bischofsweihe führt**

Wenn Gott, in einer Weiheformel verhöhnt wird, ist sie ungültig. Die neue Weiheform ist eine Verhöhnung Gottes. Sie kommt nicht vom HEILIGEN GEIST. Im Juni 1968, wurde von

Paul VI., die neue Bischofsweihe, nach der folgenden Weiheform verpflichtend vorgeschrieben.

„Gieße jetzt aus über deinen Diener, den du erwählt hast, die Kraft, die von dir ausgeht, den Geist der Leitung. Ihn hast du deinem geliebten Sohn Jesus Christus gegeben, und er hat ihn den Aposteln verliehen. Sie haben die Kirche an den verschiedenen Orten gegründet als dein Heiligtum, zur Ehre und zum unaufhörlichen Lob deines Namens".

Hier wird der HEILIGE GEIST, die Dritte Göttliche Person, zu einer Kraft, die von Gott ausgeht. Vermutlich eine Lästerung der Heiligsten Dreifaltigkeit. Die hl. Kirche betet in der Präfation von der Allerheiligsten Dreifaltigkeit:

„Mit Deinem eingeborenen Sohn und dem Heiligen Geist bist Du Ein GOTT, Ein HERR: nicht in der Einzigkeit Einer Person, sondern in der Dreifaltigkeit einer Wesenheit…. Und so beten wir beim Lobpreis des wahren und ewigen GOTTES in der Person die Verschiedenheit, in der Natur die Einheit, in der Majestät die Gleichheit an".

Johannes Rothkranz, erklärt in seinem Buch „Die dreifache Ungültigkeit der neuen Bischofsweihe" Verlag Anton A. Schmid, D 87467 Durach, ISBN 978-3-938235-61-4:

„Die Nichtigkeit der „neuen Bischofsweihe" beruht auf drei verschiedenen Gründen, von denen jeder für sich alleine bereits zur Ungültigkeit führt:

a) Ihre Materie ist nicht erkennbar, also faktisch nicht vorhanden.

b) Ihre Form bezeichnet in keiner Weise die Gnadenwirkung.

c) Ihre Form ist häretisch und dadurch schwer gotteslästerlich.

Die „Kirche des II. Vaticanums" weiht daher, abgesehen von den mit ihr „unierten" ost- bzw. altkirchlichen Riten, seit über 55 Jahren keine gültigen Bischöfe mehr"

Keine Priester, kein Sakramente. Darf man zu diesen erdrückenden Fakten schweigen? Kann durch eine, von den Freimaurern geplante und von den Diener Satans unterstützte Gotteslästerung, eine gültige Weihe entstehen? Was spricht noch für die Ungültigkeit dieser Bischofsweihe?

Eine Sekte kann nicht gültig weihen, weil sie ausserhalb der Kirche des HERRN steht. Alle Änderungen in der Kirche hatten nur einen Sinn, die göttlichen Gnaden und das Priestertum zu zerstören. Satan regiert tatsächlich im Vatikan. Mit der ungültigen Weihe, ist natürlich auch die Nachfolge von den Apostel, unterbrochen. Die Konzilssekte ist nicht apostolisch, sie ist, wie alle Sekten, häretisch. **Die irregeführten Bischöfe, Priester und Gläubigen, erkennen das nicht.**

Die Weiheform, der Katholischen Kirche, lautet:

„Sei gnädig, o Herr, unserem innigen Flehen und neige über diesen deinen Diener das Füllhorn der priesterlichen Gnade und gieße es über ihn aus, mit der Kraft deines Segens. 86 Durch unseren HERRN Jesus Christus, deinen Sohn. Der mit dir lebt und herrscht in der Einheit des Hl. Geistes, Gott von Ewigkeit zu Ewigkeit".

Neben dem Urteil der Theologen, müssen wir auch auf unsere eigene Meinung achten. Wenn es Satan gelang, die Leitung der Kirche mit seinen Dienern zu besetzten, dann ist es ihm auch möglich, die für ihn so wichtige Ungültigkeit der Bischofsweihe, zu erreichen. **Die „dreifache" Ungültigkeit, spricht dafür.**

Zu einer ungültigen Bischofsweihe gehören immer 2 Personen. Der weihende Bischof und der Kandidat. Beide wissen, um die Zweifel, an der Gültigkeit der Bischofsweihe. Sie sollten erkennen, dass diese Änderung nicht vom Heiligen Geist kommen kann. Beide nehmen diesen erdrückenden Zweifel in Kauf. So entsteht ein unverantwortlicher Betrug vor Gott und den Gläubigen. Bischof und Kandidat beteiligen sich an der Vernichtung des Priestertums und betrügen die Gläubigen mit einem ungültigen Amt und ungültigen Sakramenten.

Seit Juni 1968 wurde kein Bischof geweiht, damit ist auch die Nachfolge zu den Aposteln unterbrochen.

Das sind fürchterliche Fakten. Die Diener Satans änderten alle Sakramente.

Die Erstkommunikanten brauchen keine Beichte, weil Kinder nicht sündigen. Beichte und Sterbesakrament wurden gestrichen. Der neue Taufritus kommt ohne Exorzismus aus. Der Teufel, so die Diener Satans, ist nur eine Wahnvorstellung kranker Geister.

Das Sakrament der Firmung: Die Spende-Formel, der Katholischen Kirche, die der Firmling kniend empfängt lautet:

„Ich besiegle dich mit dem Zeichen des Kreuzes und firme dich mit dem Chrisma des Heils. Im Namen des Vaters und des Sohnes und des HEILIGEN GEISTES, Amen".

Die Spende-Formel, der Konzilssekte, die über den stehenden Firmling gesprochen wird lautet:

„Sei besiegelt durch die Gabe Gottes, den HEILIGEN GEIST".

Der HEILIGE GEIST ist keine Gabe Gottes, sondern die Dritte Göttliche Person. Wie verwirrt, blind, krank und irregeführt müssen „Bischöfe" sein, dass sie die Bedeutung der Worte nicht verstehen und die blasphemische Spende-Formel, gedankenlos aussprechen. Satan manipuliert die Gehirne seine Diener so, dass sie die Lüge als Wahrheit erkennen.

Angriff 4, 85 Jahre nach der Machtübergabe

Verbot des Messopfers und Einführung des Herrenmahls bzw. die Gedächtnisfeier, NOM, 1969

Paul VI. hatte drei Aufgaben, die JOHANNES XXIII. für ihn vorbereitet hatte. **Die Einführung der Religionsfreiheit, die Beseitigung der gültigen Bischofsweihe und das Verbot des Messopfers, das Missale Romanum.**

Der letzte Punkt war noch nicht erledigt. An dieser Stelle erinnern wir an die Bulle „Quo primum" vom hl. Papst Pius V. Sie endet:

„Wenn aber jemand sich herausnehmen sollte, dies anzutasten, so soll er wissen, dass er den Zorn des Allmächtigen Gottes und Seiner Heiligen Apostel Petrus und Paulus auf sich ziehen wird"

Paul VI. hat das Missale Romanum nicht nur angetastet, er hat es verboten. Ein Verbot wurde in satanische Schläue nie ausgesprochen, die Priester wurden verpflichtet, die neuen Messbücher, des Herrenmahls bzw. Gedächtnisfeier, zu benutzen.

Am 3. April 1969 trat die Institutio Generalis, von Paul VI., in Kraft und er lehrte:

„Das Herrenmahl oder die Messe ist die heilige Zusammenkunft oder die Versammlung des Volkes Gottes, das unter dem Vorsitz eines Priesters zusammenkommt, um das Gedächtnis des Herrn zu feiern"

Für den hl. Papst Pius V. war das hl. Messopfer, des Priester, eine heilige Handlung.

Paul VI. nannte die Zusammenkunft des Volkes Gottes heilig.

Das Konzil von Trient lehrte dogmatisch: Canon 1751, § 1

„Wer sagt, in der Messe werde Gott kein wahres und eigentliches Opfer dargebracht, oder dass die Opferhandlung nichts anderes sei, als dass Christus uns zur

89 Speise gegeben werde: der sei mit dem Anathema (Kirchenausschluss) belegt."

Wir erinnern: Der Auftrag des HERRN an die Priester lautet:

„Tut dies zu meinem Gedächtnis".

Die Priester sollen im hl. Messopfer, die unerschöpflichen Schätze Seines Opfers, flehentlich zu Gott aufsteigen lassen, damit sie wohltuend auf jene herabkommen, die mit festem Glauben darum bitten.

Es gibt nur diesen Auftrag des HERRN für Seine Priester. Diese Gnadenmacht sollte durch das Verbot des Messopfers, von den Diener Satans, beendet werden.

Kein Bischof, Priester oder Gläubige, der von ganzem Herzen, Jesus Christus als seinen HERRN und Erlöser, bekennt und anbetet, wird es wagen, Seine Lehre, Sein Messopfer usw. nur anzutasten oder zu verändern.

Die Diener Satans erkennen zwischen dem hl. Messopfer und der lästerliches Gedächtnisfeier keinen Unterschied. Sie sind das Opfer einer satanischen Verwirrung. Viele Heilige wollten vom HERRN wissen, was sie tun könnten, um die Beleidigungen zu sühnen, die ihm von den Menschen zugefügt wurden und werden. Die Antwort des HERRN:

„Opfere meine Verdienste, meinem ewigen Vater auf". So können wir beten:

„Ewiger Vater, ich opfere dir auf, den Leib und das Blut, die Seele und die Gottheit, deines geliebten Sohnes, unseres 90 HERRN Jesus Christus, als Sühne für meine Sünden und die

Sünden der ganzen Welt und befreie uns vom Gift der Erbsünde" Und man kann ergänzen:

„Vater im Himmel, ich bitte dich, nimm das Opfer deines Sohnes auch an, mit jedem Schlag meines Herzens, als ein immerwährendes Sühneopfer, für die Bekehrung der Sünder, für die Errettung der Sterbenden, für Erlösung der armen Seelen aus dem Fegfeuer, die Heiligung der Priester, für die Ordensleute und die Familien und verbanne, den Satan und alle bösen Geister, in die Hölle".

Dieses Gebet sollte täglich mehrmals gebetet werden und so in unserem Unterbewusstsein immer gegenwärtig sein. Ganz besonders in der Nacht.

Zur Erinnerung: **„sie gehen verloren, weil sie sich der Liebe zur Wahrheit verschlossen haben, durch die sie gerettet werden sollten. Darum schickt ihnen Gott eine Macht, die sie irreführt, so dass sie die Lüge glauben. Denn alle sollen gerichtet werden, die nicht der Wahrheit geglaubt, sondern der Ungerechtigkeit gedient haben".** 2.Th.2.10-12.

Viele Gläubige fragen, wo soll ich meine Sonntagpflicht erledigen? Wo soll ich zu den Sakramenten gehen? Ja, wo? Wir haben keinen Anspruch auf einen Priester oder auf die Sakramente. Es sind Geschenke Gottes und die Gläubigen haben diese Geschenke zu wenig gewürdigt. Sie wurden uns entzogen. Das Volk bekommt die „Priester", die es verdient. **Mit unseren Gebeten sind wir Gott immer nah und er kennt unsere Bedürfnisse.**

Wie lange haben wir gedankenlos die lästerliche Gedächtnisfeier besucht? Haben wir protestiert, als die Diener Satans, den gottgefälligen Katechismus entsorgten, der uns zur Unterrichtung des Volkes, von der Kirche, geschenkt wurde? **Das alles geschah in der Zeit, als Satan eine besondere Macht über seine Diener hatte.** Die besondere Macht endete im Jahr 1984. Natürlich wirkt der Geist der Häresie, eine Lebenszeit nach. Jetzt aber wird es höchste Zeit für die Gläubigen, durch Gebet und Aktion, aus dem Loch herauszukommen und die Diener Satans, in ihre Schranken zu weisen. Versündigen wir uns nicht, in dem wir deren „Gottesdienst" besuchen.

Wer aus ganzem Herzen,
Jesus Christus als seinen HERRN und ERLÖSER bekennt,
wird Seine Kirche und Lehren immer verteidigen.
Die Diener Satans, verbieten Sein Erlösungswerk, das
heilige Messopfer.

14. Feierliche Dogmenerklärung vom 18, Juli 1870

21 »Im treuen Anschluss also an die Überlieferung, wie Wir sie von der ersten Zeit des Christentums an überkommen haben, lehren Wir zur Ehre Gottes unsres Heilandes. zur Verherrlichung der katholischen Religion und zum Heil der christlichen Völker, unter Zustimmung des heiligen Konzils, und erklären es als von Gott geoffenbartes Dogma

Wenn der römische Papst „ex Cathedra" spricht, - das heißt, wenn er in Ausübung seines Amtes als Hirte und Lehrer aller Christen mit seiner höchsten Apostolischen Autorität erklärt, dass eine Lehre, die den Glauben oder das sittliche Leben betrifft, von der ganzen Kirche gläubig festzuhalten ist, - dann besitzt er kraft des göttlichen Beistandes, der ihm im heiligen Petrus verheißen wurde, eben jene Unfehlbarkeit, mit der der göttliche Erlöser seine Kirche bei Entscheidungen in der Glaubens- und Sittenlehre ausgerüstet wissen wollte.

Deshalb lassen solche Lehrentscheidungen des römischen Papstes keine Abänderung mehr zu, und zwar schon von sich aus, nicht erst infolge der Zustimmung der Kirche.

Wer sich aber vermessen sollte, was Gott verhüte, dieser Unserer Glaubensentscheidung zu widersprechen: der sei im Bann."

Gegeben zu Rom, in feierlicher, öffentlicher Sitzung der Vatikanischen Basilika, im Jahre der Menschwerdung des Herrn 1870, am 18. Juli.im fünfundzwanzigsten Jahr Unseres Pontifikates.

Joseph, Bischof von St. Pölten,
Sekretär des Vatikanischen Konzils.

Im Jahre 1870 hatte die röm. kath. Kirche noch den wahren Glauben. Das wissen wir von der Gottesmutter und von Satan.

Satan verlangte 75- 100 Jahre, um die Kirche in Rom zu zerstören. Nach 85 Jahren, im Jahre 1969, war das Werk vollendet und die meisten Bischöfe und Priester, folgen ihm.

Seit 1958 gibt es keinen legalen Papst, keine neuen Kardinäle. **Die Dogmen, die Kraft göttlichen Beistands, aus Liebe, der Kirch geschenkt waren, wurden auf Satans Wunsch, von seinen Diener für ungültig erklärt.**

Der freie Wille, erhebt jeden Menschen über ein Dogma der katholischen Kirche. Niemand muss katholisch sein. Niemand ist katholisch ohne die Dogmen der Kirche. Das ist die Entscheidung jedes Menschen.

Die Priester begehen einen doppelten Verrat. Sie verraten ihren HERRN und sie belügen die Gläubigen, mit einem falschen Amt, falschen Lehren und Sakramenten. Die Dogmen der Kirche, werden für falsch erklärt.

Unsere Frage an die Bischöfe und Priester: Glauben Sie wirklich, unter diesen Umständen, den Willen des HERRN zu erfüllen?